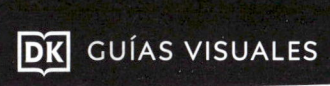

GUÍAS VISUALES

AF277085

TOP 10
TOKIO

Top 10 Tokio

Lo mejor de Tokio

CONTENIDOS

Recorridos por Tokio

Datos útiles

Las listas Top 10 de esta guía no siguen un orden jerárquico en cuanto a calidad o popularidad. Cualquiera de las 10 opciones, a juicio del editor, tiene el mismo mérito.

Portadilla, cubierta y lomo *Animada calle de Akihabara, famoso centro neurálgico de la electrónica y la cultura popular*
Contracubierta, en el sentido de las agujas del reloj desde arriba a la izquierda *Cerezos a orillas del río Meguro; perfil urbano de Tokio con el puente del Arcoíris y la emblemática torre de Tokio; sushi servido con té; calle comercial en Akihabara; templo Senso-ji*

Debido a la pandemia de COVID-19 muchos hoteles, restaurantes y tiendas han modificado sus horarios o se han visto obligados a cerrar. Por favor, consulte con cada establecimiento antes de acudir.

Toda la información de esta Guía Visual Top 10 se comprueba regularmente. Se han hecho todos los esfuerzos para que esta guía esté lo más actualizada posible a fecha de su edición. Sin embargo, algunos lugares han podido cerrar y algunos datos, como números de teléfono, horarios, precios e información práctica, pueden sufrir cambios. La editorial no se hace responsable de las consecuencias que se deriven del uso de este libro, ni de cualquier material que aparezca en los sitios web de terceros, además no puede garantizar que todos los sitios web de esta guía contengan información de viajes fiable. Valoramos mucho las opiniones y sugerencias de nuestros lectores. Puede escribir al correo electrónico: **travelguides@dk.com**

Bienvenido a
Tokio

En Tokio se concentra la tradición y la modernidad de Japón. La ciudad posee una arquitectura asombrosa, una moda original y diversa, una cocina deliciosa y una tecnología de vanguardia. Las tradiciones artísticas y culturales alcanzan la perfección, pero la capital nipona también es un ejemplo de innovación y reinvención. Con la guía Top 10 de Tokio ya puedes comenzar a explorar.

Tokio es una metrópolis contemporánea, bulliciosa e iluminada por neones. Pero también es una ciudad de serenos jardines, templos y santuarios antiguos, como el **jardín Koishikawa Koraku-en** y el **santuario Meiji Jingu.** El visitante cae rendido ante la belleza del arte tradicional, que se puede ver en los museos y comprar en tiendas regentadas por las mismas familias durante generaciones.

El famoso mercado de pescado se ha trasladado a una nueva ubicación en Toyosu, pero quedan muchas tiendas especializadas en Tsukiji que permiten iniciarse en una cultura culinaria única. Los sabores de Edo –antiguo nombre de la capital– permanecen en las calles de **Yanaka** y **Asakusa.** Y lo mejor es que, a pesar de su enorme tamaño y sus millones de habitantes, Tokio funciona especialmente bien. Los transportes públicos son rápidos, eficientes y económicos. El servicio es eficaz y las calles están limpias y son seguras a cualquier hora del día.

Tanto si se trata de una escapada como de un viaje más largo, esta guía Top 10 recoge lo mejor de Tokio, desde la ostentación de **Ginza** hasta la moda urbana de **Shibuya.** También ofrece todo tipo de consejos útiles, incluidas actividades gratuitas o cómo llegar a los lugares menos conocidos, así como nueve itinerarios diseñados para visitar varios lugares en poco tiempo. Además, las atractivas fotografías y los mapas detallados convierten esta guía en un compañero de viaje imprescindible. **Disfruta de la guía y disfruta de Tokio.**

En el sentido de las agujas del reloj, desde arriba: **templo Senso-ji, pieza de la colección del Museo de la Cometa, Centro Nacional de Arte, la ciudad con el monte Fuji al fondo,** *Daibutsu* de Kamakura, barrio de Kabukicho, Chidorigafuchi

Explorar Tokio

No hay que dejarse intimidar por el tamaño de Tokio. Estos dos itinerarios incluyen los lugares más interesantes de esta fascinante y polifacética ciudad, reservando tiempo para ir de compras, descansar y saborear la deliciosa cocina tokiota.

El mercado de Ameyoko alberga unos 500 puestos y tiendas.

La puerta Hozo-mon del templo Senso-ji es una estructura imponente.

Dos días en Tokio

Día ❶

MAÑANA

Comienza el día con un curso intensivo de arte y cultura en el **Museo Nacional de Tokio** (ver pp. 24-27) y un paseo por el **parque Ueno** (ver pp. 20-21) y el **mercado de Ameyoko** (ver p. 67).

TARDE

Tras contemplar la ciudad a vista de pájaro desde la **Tokyo Skytree** (ver p. 89) recorre Asakusa y el recinto del **templo Senso-ji** (ver pp. 14-15). Toma un autobús acuático por el **río Sumida** (ver pp. 16-17) y, por la noche, asiste a una función en el **teatro Kabuki-za** (ver p. 81).

Día ❷

MAÑANA

El día puede comenzar con un paseo por el **puente de Nihonbashi** (ver pp. 18-19) antes de recorrer los fosos, murallas y jardines del **Palacio Imperial** (ver pp. 12-13). Después, acude a ver la colección del **Museo Nacional de Arte Moderno** (ver p. 12).

TARDE

Tras visitar el **santuario Meiji Jingu** (ver pp. 30-31) puedes ir de compras a la **Takeshita-dori** (ver p. 56), en Harajuku, y al frondoso **Omotesando** (ver p. 101). El cercano **Museo Nezu** (ver p. 100) tiene un tranquilo jardín con una casa de té. Por la noche disfruta del electrizante ambiente de **Shinjuku** (ver pp. 106-111).

Cuatro días en Tokio

Día ❶

MAÑANA

Desayuna en el **mercado de Tsukiji** (ver p. 66), después recorre el **jardín Hamarikyu** (ver p. 82) y contempla la vieja puerta de madera del **templo Zojo-ji** (ver p. 97), con la **torre de Tokio** (ver p. 96) al fondo.

TARDE

Visita los museos de Roppongi y curiosea en las tiendas de **Roppongi Hills** (ver p. 94) y **Tokyo Midtown** (ver p. 95), donde también hay buenos restaurantes y bares.

Simbología
- Itinerario de dos días
- Itinerario de cuatro días

0 km 1

Yanaka

Museo Nacional de Tokio

Parque Ueno

Jardín Koishikawa Koraku-en

Mercado de Ameyoko

Templo Senso-ji

Asakusa

Tokyo Skytree

Río Sumida

METRO

METRO

METRO

METRO

AUTOBÚS ACUÁTICO

Museo Nacional de Arte Moderno

Puente de Nihonbashi

Recinto del Palacio Imperial

Estación de Tokio

Nihonbashi

Foro Internacional de Tokio

Isla de Odaiba
10 km

Teatro Kabuki-za

Mercado de Tsukiji

Río Sumida

rre okio

Jardín Hamarikyu

emplo Zojo-ji

Bahía de Tokio
17 km

AUTOBÚS ACUÁTICO

El parque Ueno es un oasis rodeado de torres modernas.

Día ❷
MAÑANA
Después de visitar el **santuario Meiji Jingu** (ver pp. 30-31) explora las tiendas *kitsch* de la **Takeshita-dori** (ver p. 56) y las de alta costura de **Omotesando** (ver p. 101). Luego atraviesa la ciudad para comer en Asakusa y visita el **templo Senso-ji** (ver pp. 14-15).
TARDE
Contempla la ciudad desde la **Tokyo Skytree** (ver p. 89), y termina el día con un crucero por el **río Sumida** (ver pp. 16-17) hasta la bahía de Tokio.

Día ❸
MAÑANA
Cruza el puente de Nihonbashi hasta el **Palacio Imperial** (ver pp. 12-13). Tras recorrer su recinto visita el barrio de Marunouchi, donde están los edificios contemporáneos del

Foro Internacional de Tokio (ver p. 42) y la gran **estación de Tokio** (ver p. 76), del siglo XX.
TARDE
Da un paseo por el **jardín Koishikawa Koraku-en** (ver pp. 28-29), del siglo XVII, y contempla la puesta de sol desde el mirador de la **sede del Gobierno Metropolitano de Tokio** (ver p. 109), en Shinjuku. Por la noche acude a la zona de ocio de **Kabukicho** (ver p. 106) y al laberinto de bares de **Golden Gai** (ver p. 107).

Día ❹
MAÑANA
Vale la pena conocer los santuarios, templos y tiendas tradicionales de **Yanaka** (ver pp. 32-33). Después, visita el **Museo Nacional de Tokio** (ver pp. 24-27) y pasea por el **parque Ueno** (ver pp. 20-21).
TARDE
Toma el tren a la **isla de Odaiba** (ver pp. 34-35) para admirar la tecnología robótica del fascinante **Museo Nacional de Ciencia Emergente e Innovación** (ver p. 35). Termina el día con realidad virtual y juegos en **Joypolis** (ver p. 34).

Top 10 Tokio

Detalle de la elaborada puerta Hozo-mon
del templo Senso-ji

Lo esencial de Tokio

La metrópolis más oriental de Oriente es una urbe en perpetua transformación que recibe el cambio con los brazos abiertos. Aunque está más interesada en el futuro que en el pasado, su historia y sus tradiciones siguen vivas en el presente. La capital nipona es una de las ciudades más enérgicas y creativas del mundo. No hay que perderse estos 10 lugares en la primera visita a Tokio, aunque siempre hay algo nuevo por descubrir.

1 Palacio Imperial

El recinto del palacio está rodeado de fosos, murallas, puentes, edificios y jardines, elementos históricos de la ciudad original *(ver pp. 12-13)*.

2 Templo Senso-ji

El recinto de este templo tiene muchos elementos de interés como la Kaminari-mon (puerta del Trueno) y el pasaje comercial de Nakamise-dori *(ver pp. 14-15)*.

3 Río Sumida

Un paseo bajo sus famosos puentes es un viaje a través de la historia y el desarrollo de la ciudad *(ver pp. 16-17)*.

4 Nihonbashi

Este barrio del centro de Tokio, repleto de tiendas centenarias y elegantes edificios, es a la vez tradicional y cosmopolita *(ver pp. 18-19)*.

5 Parque Ueno

Este compendio de la historia cultural japonesa alberga mausoleos, templos, museos, un zoológico, un estanque de lotos y mil cerezos, por lo que ofrece su mejor versión durante la floración primaveral *(ver pp. 20-21)*.

6 Museo Nacional de Tokio
Posee la mayor colección de arqueología y arte japonés del mundo, así como piezas chinas, coreanas y centroasiáticas *(ver pp. 24-27).*

7 Jardín Koishikawa Koraku-en
El jardín más antiguo de Tokio alberga un estanque con forma de corazón y pintorescos puentes *(ver pp. 28-29).*

8 Santuario Meiji Jingu
Ubicado en un bosque, su exquisita arquitectura sintoísta y su jardín de iris encarnan la naturaleza *(ver pp. 30-31).*

9 Yanaka
Este barrio, situado en torno a un frondoso cementerio, conserva el ambiente del Tokio histórico, con sus templos, santuarios y comercios tradicionales *(ver pp. 32-33).*

10 Isla de Odaiba
Esta isla artificial es un centro de ocio y experimentación con edificios de alta tecnología, salas de exposiciones, museos, centros comerciales, una noria y una playa *(ver pp. 34-35).*

TOP 10 ★ Palacio Imperial

El recinto del Palacio Imperial se halla en el centro de una de las mayores ciudades del mundo, en medio de concurridas áreas urbanas. El enorme complejo alberga la magnífica residencia del emperador y una gran variedad de fosos, murallas, atalayas, puertas y puentes de cuento de hadas. En las zonas públicas también hay varios museos, galerías y bellos jardines japoneses. Este solemne lugar, con un gran significado cultural, está entre los pocos sitios del centro de Tokio en los que se puede ser testigo de su increíble historia.

1 Puerta Sakurada-mon

Esta entrada a los jardines exteriores se erigió en 1457. Ha sobrevivido a terremotos, incendios y bombardeos. Una de sus dos estructuras –una ancha puerta interior– tiene un ángulo de 90º para impedir las incursiones.

2 Museo Nacional de Arte Moderno, Tokio

Aquí se exponen más de 12.000 obras de artistas japoneses y occidentales desde el siglo XIX hasta el presente. La colección incluye el bello cuadro *La madre y el niño*, de Uemura Shoen *(arriba)*.

3 Puerta Ote-mon y puente de Nijubashi

Al sur de la puerta Ote-mon está el elegante y muy fotografiado puente Nijubashi *(arriba)*. Data de 1888, aunque está reconstruido.

4 Jardines Orientales del Palacio Imperial

Estos jardines *(derecha)*, diseñados por Kobori Enshu a principios del siglo XVII, albergan farolas, puentes, estanques, macizos florales y altas zelkovas.

5 Shiomizaka

Una muralla de piedra bordea la cuesta de la Vista de la Marea. Este pequeño promontorio ofrecía vistas del mar y el monte Fuji.

⑥ Plaza del Palacio Imperial

Las praderas, los cerezos y los pinos japoneses ornamentales de esta plaza se plantaron en 1899. La explanada de grava actúa como cortafuegos. La plaza ofrece bellas vistas del puente Nijubashi.

Recinto del Palacio Imperial

TRAGEDIAS EN LOS JARDINES

Los serenos jardines del recinto palaciego han sido testigos de cruentos sucesos. Las víctimas del gran terremoto de 1923 se refugiaron aquí. Tras la rendición de la Segunda Guerra Mundial, varios oficiales se suicidaron en el recinto en agosto de 1945 al no poder asumir la derrota. En las décadas de 1950 y 1960 la plaza fue escenario de violentas manifestaciones políticas.

⑧ Nippon Budokan

El colosal tejado octogonal del Estadio de Artes Marciales de Japón tiene un pináculo bulboso dorado. Su arquitectura evoca la de los templos japoneses tradicionales.

⑨ Sannomaru Shozokan

Este pequeño museo, situado en los Jardines Orientales del Palacio, muestra arte, caligrafía y otros objetos relacionados con la familia imperial.

⑦ Parque de la Fuente de Wadakura

Este llamativo parque acuático se construyó en 1961 para conmemorar la boda de los padres del actual emperador. Las fuentes se iluminan de noche.

⑩ Chidorigafuchi

Las murallas de piedra del antiguo castillo del sogún contrastan con las aguas del foso Chidorigafuchi *(arriba)*, donde viven tortugas, carpas, cormoranes, garcetas y cisnes.

INFORMACIÓN ÚTIL

PLANO K1–M4 ▪ 1-1 Chiyoda, Chiyoda ▪ sankan.kunaicho.go.jp

Se cobra entrada en los museos y galerías

▪ Todos los museos del recinto cierran los lunes (excepto los festivos). Conviene visitar el lugar temprano: los grupos turísticos llegan a media mañana. A finales de febrero florecen los ciruelos, a principios de abril lo hacen los cerezos y a mediados de mayo, las azaleas y los cornejos.

▪ Se puede hacer un pícnic en el parque Kitanomaru. Al sur del palacio, en el parque Hibiya, el café Hibiya Saroh sirve fideos y bocadillos.

🔟⭐ Templo Senso-ji

Este espectacular templo, reconstruido en incontables ocasiones desde su fundación en 628, es el más antiguo de Tokio. El actual edificio, dedicado a Kannon, *bodhisattva* de la misericordia, es una réplica a prueba de incendios de otro construido en 1692. Es uno de los sitios más animados de la ciudad, ya que atrae a muchos visitantes que acuden a rezar en su sala principal, con un elegante altar dorado y una valiosa colección de pinturas votivas de los siglos XVIII y XIX. El templo se halla en un concurrido barrio comercial y de ocio.

1 Puerta Kaminari-mon

Esta gigantesca puerta está flanqueada por dos deidades niponas: Fujin y Raijin. Entre ellas cuelga un farol de papel rojo con las palabras "puerta del Trueno" *(arriba)*.

3 Puerta Niten-mon

La puerta roja del este del templo, declarada bien de interés cultural, data de 1618. Sus columnas y paredes están cubiertas de papeles votivos pegados por los fieles.

4 Sandalias gigantes

De la puerta Hozo-mon cuelgan dos enormes sandalias de paja hechas para las deidades. Simbolizan el calzado tradicional de los peregrinos budistas.

5 Nakamise-dori

La calle que lleva al templo más sagrado de la ciudad alberga más de 150 puestos de venta de objetos tradicionales y recuerdos.

2 Incensario

Frente a la sala principal hay un gran incensario *(arriba)*. Los fieles queman varillas rosas de incienso y pasan el humo por su ropa para tener buena suerte.

INFORMACIÓN ÚTIL

PLANO R2 ▪ 2-3-1 Asakusa, Taito

▪ www.senso-ji.jp

Abierto 24 horas

Jardín Denbo-in: med mar-prin may

▪ Conviene llegar temprano para evitar las colas.

▪ Se puede combinar una visita al templo con un crucero por el Sumida desde el puente de Azuma.

▪ Se recomienda comer o cenar al aire libre en uno de los restaurantes que hay al oeste del templo.

⑥ Sala principal

La sala principal del Senso-ji *(abajo)* tiene un lujoso interior cuyo centro de atención es un ornamentado altar de oro y laca. En las paredes hay pinturas votivas y el techo luce un colorido dragón rodeado de ángeles y lotos.

Templo Senso-ji

EL MISTERIO DE LA KANNON DORADA

El 18 de marzo del año 628 dos hermanos pescadores hallaron una figura dorada de Kannon en sus redes. La imagen, de 5 cm, se venera hoy en el templo Senso-ji. Según la leyenda, en el momento del hallazgo un dragón dorado danzó del cielo a la tierra. En primavera y otoño se realiza la Danza del Dragón Dorado en el recinto del templo para celebrar la ocasión.

⑨ Nade Jizo

Se cree que esta figura de bronce *(arriba)*, *bodhisattva* de la misericordia, alivia los males si se frota en su cuerpo la parte que duele en el propio.

⑦ Jardín Denbo-in

El jardinero zen Kobori Enshu diseñó este tranquilo jardín *(abajo)* a principios del siglo XVII. En un pequeño pabellón junto al estanque se hacen ceremonias del té.

⑧ Benten-do

Sobre un antiguo túmulo se alza un santuario rojo dedicado a Benten, diosa de la belleza y las artes. El sonido de la campana señala a diario la apertura del recinto.

⑩ Asakusa Jinja

La entrada a este santuario de 1649 está flanqueada por dos estatuas protectoras de leones-perros *(arriba)* en honor de los hermanos que hallaron la imagen de Kannon en sus redes.

⭐ **Río Sumida**

El río Sumida, la principal vía acuática de Tokio, es desde hace tiempo un símbolo de la ciudad. Mientras que en sus aguas y riberas hay comercios, festivales, jardines, puentes y ferris, sus asociaciones literarias forman un rico corpus de sabiduría. Las vigas, argollas y pernos de los puentes antiguos, con sus amplios arcos, montantes de piedra y faroles de hierro forjado, dan sensación de permanencia en esta cambiante ciudad. Los viejos barcos de remo han sido sustituidos por autobuses acuáticos y embarcaciones de recreo.

1 Puente de Kiyosu
Este puente azul *(arriba)*, construido en 1928, está inspirado en uno que cruzaba el Rin en Colonia. Sus ocho faroles se encienden al anochecer.

3 Tsukuda-jima
Los primeros residentes de esta isla se congregaron en torno a un santuario dedicado a Sumiyoshi Myojin, deidad protectora de los marineros.

4 Puente de Yanagi
Este puente verde data del periodo Edo y figura en muchos grabados *ukiyo-e*. Está en el centro de un antiguo barrio de *geishas* y marca el límite entre el barrio de Chuo, al sur, y el de Taito, al norte. Aquí hay casas flotantes y barcos pesqueros amarrados.

2 Asahi Beer Hall
Este llamativo edificio negro *(arriba)*, situado junto al puente de Azuma y diseñado por Philippe Starck, tiene forma de pirámide invertida y un surrealista remate conocido como *Flamme d'Or* (Llama de Oro).

5 Puente de Komagata
Las curvadas vigas azules y los montantes de piedra de este puente, construido en 1927, combinan solidez y elegancia. Sus ocho faroles lucen al anochecer, creando uno de los escenarios más pintorescos de Tokio.

6 Puente de Eitai
En el pasado se embarcaba a los presos desde este puente *(arriba)* para enviarlos a las colonias penales niponas. Ofrece amplias vistas del río.

PIROTECNIA

Desde 1732, Asakusa ofrece espectaculares despliegues de fuegos artificiales junto al río. El último sábado de julio miles de dispositivos pirotécnicos iluminan el cielo nocturno entre los puentes de Sakura y Umaya. Hay que llegar temprano para asegurarse un buen sitio, ya que el festival atrae a un millón de espectadores. Aún mejor es reservar un crucero y contemplar el espectáculo desde el agua.

9 Puente de Umaya
Esta imponente estructura de acero lleva el nombre de los establos del sogún, que estaban al oeste del puente. En los pilares hay bajorrelieves de caballos.

7 Santuario Basho Inari y estatua
Este santuario dedicado a Matsuo Basho (1644-1694) lleva a un jardín elevado con una estatua sedente del poeta, famoso por sus haikus.

8 Jardín Hamarikyu
Quedan elementos del jardín original en el estanque, los islotes unidos por puentes de madera y el pabellón de té. En el estanque hay peces de agua salada.

INFORMACIÓN ÚTIL

Muelle de Asakusa:
PLANO R2

Muelle de Hamarikyu:
PLANO N6

▪ La mejor manera de ver los lugares de interés del río es tomar un autobús acuático *(ver p. 123)* entre Asakusa y el jardín Hamarikyu o la isla de Odaiba.

Se puede visitar el Museo Conmemorativo de Basho (al norte del santuario Basho Inari), que muestra manuscritos, caligrafía e ilustraciones con escenas de su vida.

▪ Popeye, cerca de la estación de Ryogoku JR, sirve tentempiés de estilo alemán y japonés y cerveza artesanal.

10 Tokyo Skytree
La torre exenta más alta del mundo tiene miradores en dos niveles y un restaurante. Impresiona más con la iluminación nocturna *(arriba)*.

🔟⭐ Nihonbashi

Situado en el centro de Tokio, Nihonbashi, llamado así por su famoso puente, es un próspero núcleo comercial desde principios del periodo Edo. Alberga muchos de los negocios más antiguos y respetados de la capital, incluidos grandes almacenes, instituciones financieras y tiendas de artesanía. Estos negocios tradicionales conviven hoy con elegantes rascacielos, complejos modernos, hoteles de lujo y bares y restaurantes de moda. Ningún otro lugar de la ciudad mezcla historia y contemporaneidad con tanta naturalidad.

Puente de Nihonbashi ①

Se construyó en madera en 1603, aunque la versión de piedra (derecha) data de 1911. De aquí partían las cinco grandes rutas del periodo Edo. Una placa en el centro del puente marca el punto desde el que se miden todas las distancias desde Tokio.

② Mitsukoshi

Se fundó en 1673 como tienda de kimonos y se ha convertido en uno de los grandes almacenes clásicos de Japón.

③ Museo de la Moneda

Este museo gratuito del Banco de Japón documenta el desarrollo de las divisas japonesas y orientales. Su colección incluye lingotes de oro del periodo Edo hasta billetes anteriores a la Segunda Guerra Mundial.

④ Cruceros

Desde un embarcadero cercano al puente salen barcos (derecha) que navegan por la bahía de Tokio y por canales antiguos que antes eran importantes rutas comerciales y hoy ofrecen vistas singulares de la ciudad.

⑤ Takashimaya

Es uno de los grandes almacenes más conocidos de Japón. Vale la pena ver su fusión de arquitectura occidental y japonesa tradicional y la impresionante sección de alimentación del sótano.

⑥ Museo Conmemorativo Mitsui

Este museo muestra la colección de arte de una de las familias más influyentes de Japón, los Mitsui. Se centra en el arte nipón y oriental desde el periodo Edo en adelante.

⑦ Haibara

Esta tienda histórica vende washi (papel tradicional hecho a mano) desde 1806. Además de hojas se pueden comprar cajas y soportes para lápices y plumas.

8 Coredo Muromachi

Este estiloso complejo *(izquierda)* ocupa tres edificios y alberga un excelente conjunto de tiendas de artesanía, moda e interiorismo, restaurantes, bares y delicatesen tradicionales, además de un centro de ceremonias del té y un cine.

9 Koami

Este santuario *(arriba)* se fundó en 1466 para evitar la peste. Hoy se visita por una razón bien diferente: se dice que mojar el dinero en su estanque da riqueza y prosperidad.

10 Bolsa de Tokio

Se trata de uno de los mercados de valores más importantes del mundo, paradigma del peso financiero de Japón. En las visitas se puede ver la acción en el parqué.

INFORMACIÓN ÚTIL

PLANO N1–P1

Mitsukoshi: 1-4-1 Nihonbashimuromachi; horario: 10.00-19.00 todos los días (restaurantes 11.00-22.00); www.mistore.jp/store/nihombashi

Museo de la Moneda: 1-3-1 Nihonbashihongokucho, Chuo; horario: 9.30-16.30 ma-do; www.imes.boj.or.jp/cm

Cruceros por los canales: 1-9 Nihonbashi, Chuo; horario: variable, consultar web; www.nihonbashi-cruise.jp

Takashimaya: 2-4-1 Nihonbashi, Chuo; horario: 10.30-19.30 todos los días (restaurantes hasta las 21.00); www.takashimaya.co.jp

Museo Conmemorativo Mitsui: 2-1-1 Nihonbashimuromachi, Chuo; horario: 11.00-16.00 ma-do, se cobra entrada; www.mitsui-museum.jp

Haibara: 2-7-1 Nihonbashi, Chuo; horario: 10.00-18.30 lu-vi, 10.00-17.30 sá y do; www.haibara.co.jp

Coredo Muromachi: 2-2-1 Nihonbashimuromachi; horario: 11.00-20.00 todos los días (bares y restaurantes hasta las 23.00); www.mitsui-shopping-park.com/urban/muromachi

Bolsa de Tokio: 2-1 Nihonbashikabutocho, Chuo; visitas autoguiadas 9.30-16.30 lu-vi; www.jpx.co.jp

························

■ En Nihonbashi se celebra la floración de los cerezos con variados eventos, incluidos espectáculos de luces.

■ Vale la pena visitar las tiendas de artesanía y dulces de Ningyocho.

TOP 10 ⭐ Parque Ueno

Este parque, situado en el centro de un barrio residencial y de ocio, alberga una de las concentraciones de arte más impresionantes de la ciudad. Con sus templos, santuarios, cerezos, magníficos estanques de lotos, estatuas y tumbas, el parque es como una miniatura de Japón. La colina que ocupa la parte superior del parque fue un gran centro religioso. En los periodos Meiji y Taisho este escenario histórico acogía grandes exposiciones artísticas e industriales que sentaron las bases de los respetados museos que honran el parque en la actualidad. Miles de personas se dan cita en el lugar durante la floración de los cerezos.

1 Zoo de Ueno
Se construyó en 1882 y alberga leones asiáticos, tigres de Sumatra y pandas gigantes. Un monorraíl lleva a la sección de animales domésticos.

2 Santuario Toshogu y puerta Kara-mon
Este elegante santuario (derecha), dedicado al primer sogún, Tokugawa Ieyasu, data de 1627. Una hilera de faroles de piedra y cobre adorna el recinto.

INFORMACIÓN ÚTIL
PLANO F1–F2
■ Uenokoen, Taito
Abierto 24 horas

■ Los aficionados al arte de paseo por el parque pueden visitar el Museo Conmemorativo Yokoyama Taikan, en la antigua residencia del pintor, enfrente del estanque de Shinobazu.

■ En la calzada que va desde la gran *torii* (puerta) hasta la isla del Benten-do hay puestos de comida ideales para tomar tentempiés tradicionales y platos ligeros.

3 Museo Nacional de Arte Occidental
Este museo, diseñado por Le Corbusier, expone desde piezas religiosas del siglo XV hasta obras de Pollock y Miró.

4 Santuarios Gojo Tenjin y Hanazono Inari
Unos sinuosos senderos flanqueados por *torii* (derecha) conducen a estos dos santuarios, que albergan estatuas del zorro Inari.

LA RESTAURACIÓN MEIJI

En 1868 tuvo lugar en la colina de Ueno una violenta batalla entre los partidarios del sogún depuesto y las fuerzas restauradoras Meiji. La intensa lluvia desbordó el estanque de Shinobazu y los soldados combatieron con el agua por las rodillas bajo el fuego cruzado de dos cañones, uno situado en una casa de té y otro en una cueva dedicada a Inari. Fallecieron unos 300 hombres.

⑤ Cerezos

En primavera, con la floración de los cerezos (*arriba*), muchos visitantes *acuden* a las *hanami,* reuniones para ver las flores amenizadas con sake, cerveza y karaoke.

⑨ Benten-do

Este templo honra a la diosa de la belleza (*izquierda*). En el techo hay dragones pintados y las paredes lucen murales de flores otoñales.

⑩ Estanque de Shinobazu

La sección sur de este estanque se llena de lotos rosas en verano. Entre los juncos viven garzas, somormujos y otras muchas aves acuáticas.

⑥ Estatua de Saigo Takamori

Esta estatua de bronce de 1898 es un tributo al poderoso samurái, que lideró una importante rebelión en el siglo XIX. Muestra a Takamori con un kimono de verano paseando a su perro.

⑦ Pagoda de cinco pisos

Esta estructura de 120 m de altura de color bermellón se construyó en 1640. Está situada dentro del zoo y tiene tejas de bronce para protegerla de los incendios.

⑧ Museo de Shitamachi

Este museo expone objetos de uso diario, como utensilios de cocina, herramientas y muebles, así como recreaciones de tiendas y casas del periodo Edo.

TOP 10 ★ Museo Nacional de Tokio

Este colosal museo, que ocupa casi toda la parte norte del parque Ueno, era conocido en el periodo prebélico como Museo de la Casa Imperial. Situado entre patios, fuentes y árboles, el Museo Nacional de Tokio está dividido en cuatro galerías principales: Honkan, Heiseikan, Toyokan y la Galería de los Tesoros de Horyu-ji. El museo contiene no solo la colección de arte y arqueología de Japón más importante del mundo, sino también valiosas antigüedades asiáticas. En estas galerías se exponen unos 4.000 objetos. Al lado de la Honkan hay un jardín que permanece abierto durante la floración de los cerezos y la caída de las hojas.

❶ Pinturas y grabados japoneses
La Honkan alberga pinturas desde el periodo Heian al Muromachi, bellos ejemplos de murales, biombos y puertas de papel, y paisajes de inspiración zen. Del periodo Edo destacan los grabados en madera del género *ukiyo-e (derecha)*.

❷ Cerámica
La cerámica nipona *(arriba)* está representada en la Honkan con piezas de Kioto e Imari. En la Toyokan hay piezas chinas desde la dinastía Song hasta la Qing.

❸ Lacados
Entre los tesoros nacionales japoneses y los bienes de interés cultural que se exponen en la Honkan hay preciosos objetos lacados *maki-e* del periodo Heian al Edo.

❹ Galería de los Tesoros de Horyu-ji
Esta galería expone una valiosa colección de más de 300 objetos del templo Horyu-ji de Nara, incluido un bosque de *bodhisattvas* de pie.

Páginas anteriores Cerezos en plena floración en el parque Ueno

8 Tejidos

La Toyokan expone una elegante colección de tejidos de China, Corea, el Sureste Asiático, Asia central, India y Egipto. Entre ellos destacan los exquisitos brocados indonesios de hilo de oro *(izquierda)*. La Honkan alberga tejidos nipones.

5 Arqueología japonesa

La Heiseikan, dedicada a la arqueología nipona, muestra reliquias del periodo Jomon (c. 14000–300 a. C.) en adelante. Aquí puede verse la cronología del arte japonés.

6 Arte asiático

La Toyokan es la galería del arte asiático, con bellos ejemplos de metalistería coreana, cerámica jemer, estatuaria hindú y pinturas rupestres de las cuevas de Bingling (China).

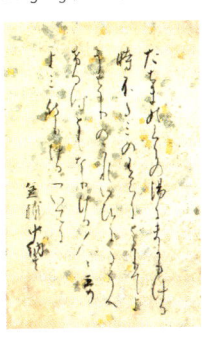

7 Caligrafía

La caligrafía expuesta en la Honkan incluye *bokuseki* realizados por monjes zen *(arriba)*. Aunque no se conozca el significado de los caracteres, deslumbra la belleza de los trazos.

9 Armas y armaduras

El equipamiento de la élite militar japonesa se expone en la Honkan. Los atuendos de los guerreros, que solían embellecerse en exceso, incluyen armaduras, yelmos, sables y guarnicionería.

INFORMACIÓN ÚTIL

PLANO F1 ■ Uenokoen, Taito ■ 3822-1111 ■ www.tnm.jp

Horario 9.30-17.00 ma-do

Se cobra entrada

....

■ **La tienda del museo**, en la primera planta de la Honkan, vende bonitos artículos relacionados con la colección del museo.

■ **La terraza del Hotel Okura Garden**, en la Galería de Horyu-ji, es un lugar agradable para comer. Más económicos son los puestos y cafés del parque Ueno.

....

Guía del museo

La entrada principal al complejo (formado por cuatro galerías principales) está en el extremo norte del parque Ueno. La galería central, la Honkan, está enfrente, más allá del estanque. La Toyokan está a la derecha y la Heiseikan a la izquierda, detrás de la Honkan. La Galería de los Tesoros de Horyu-ji se halla a la izquierda de la entrada principal, detrás de la Hyokeikan, abierta solo para exposiciones y eventos especiales.

10 Escultura religiosa

Las esculturas religiosas *(izquierda)* se reparten por varias galerías. En la Toyokan hay figuras doradas, de bronce y de arenisca de Pakistán. La Honkan expone estatuas budistas de la India y Japón

Galerías y otras dependencias

Exterior de la galería Honkan, dedicada al arte japonés

① Honkan
Jin Watanabe diseñó la galería principal del museo, elemento central del parque Ueno. El edificio actual se construyó en 1938 en estilo corona imperial. Los rasgos son japoneses, pero los materiales son indudablemente occidentales.

② Toyokan
En este luminoso edificio moderno se expone arte y arqueología de Asia. Algunas piezas de la colección se muestran a veces en otras dependencias del complejo.

Casa de té en el jardín del museo

③ Jardín del museo y casas de té
El jardín se abre al público durante la floración de los cerezos, en primavera, y la caída de las hojas, en otoño. En estas fechas no hay que dejar pasar la oportunidad de ver el estanque secreto y las casas de té situadas al norte de la Honkan.

④ Heiseikan
Esta moderna galería, con un elegante patio, un auditorio y un salón, se inauguró en 1993. Alberga cerámica, estatuas funerarias y otros objetos de la Antigüedad.

⑤ Centro de investigación e información
Se construyó en 1984 y dispone de archivos, libros, revistas, fotografías en blanco y negro y color, y otros materiales relacionados con la historia del arte.

⑥ Galería de los Tesoros de Horyu-ji
El diseño minimalista de esta galería, de 1999, es obra de Yoshio Taniguchi, autor de proyectos tan revolucionarios como el Museo de Arte Moderno (MoMA) de Nueva York.

⑦ Kuro-mon
La puerta Negra, una rara estructura del periodo Edo, posee un robusto tejado de gabletes. Las antiguas tejas y las piedras angulares se guardan en la parte trasera.

⑧ Almacén 'azekura'
Los *sutras* budistas se guardan en almacenes como este, traído en 1882 desde el templo Gango-ji de Nara. Está construido

OBRAS DE ARTE ASIÁTICAS

Los 110.000 objetos de la colección del Museo Nacional de Tokio suelen exponerse de forma rotativa. La Toyokan tiene 13 salas divididas por regiones. Los géneros artísticos de la lista adjunta forman parte de la colección permanente de la Toyokan, pero los objetos expuestos cambian.

Esta escultura de Gandhara es una de las piezas destacadas de la colección de la Toyokan.

TOP 10 OBRAS DE ARTE

1 Escultura de la India y Gandhara (siglos XIII-II a. C.)

2 Tambores de bronce asiáticos antiguos (siglos VI-V a. C.)

3 Tejidos de Próximo Oriente (siglo XIX)

4 Arqueología china (siglos II-I a. C.)

5 Tejidos chinos (siglos XV-XVII)

6 Cerámica china (periodo de los Tres Reinos-dinastía Tang)

7 Cerámica china (dinastías Song-Qing)

8 Relieves en piedra chinos de Shangdong (siglos I-II)

9 Cerámica coreana (siglos IX-X)

10 Escultura jemer (periodo Angkor)

TOKIO EN LA EDAD DE PIEDRA

Los primeros pobladores vivían entre los peñascos de las actuales colinas de Yamanote, desde donde se abastecían de pescado y marisco con facilidad. El zoólogo estadounidense Edward Sylvester Morse descubrió en 1877 un asentamiento anterior a la Edad del Bronce al suroeste de Tokio: el conchero de Omori. Este hecho marcó el inicio de la arqueología nipona.

con troncos y las paredes interiores están decoradas con murales de *bodhisattvas* y deidades protectoras.

⑨ Hyokeikan

Los muros blancos y las cúpulas verdes de este bien de interés cultural, un premiado ejemplo del estilo occidental del periodo Meiji, impresionan pese a su sobriedad.

⑩ Estatua de Edward Jenner

El médico británico Edward Jenner (1749-1823) fue un pionero de la vacunación. Su estatua, obra de Unkai Yonehara, alumno del escultor Koun Takamura, se erigió en 1896 como tributo a Jenner y a sus logros.

La Hyokeikan, construida en 1909

TOP 10 ★ Jardín Koishikawa Koraku-en

El jardín más antiguo de Tokio, construido en 1629, fue encargado por Tokugawa Yorifusa, primer señor del clan Tokugawa de Mito. Su diseñador, Tokudaiji Sahei, contó con la ayuda del erudito confuciano Zhu Shunshui, un refugiado chino tras la caída de la dinastía Ming. El jardín fue el lugar de recreo del clan Tokugawa; en él agasajaban a sus invitados, paseaban por sus colinas en miniatura, navegaban en barcas en el estanque y celebraban veladas de poesía.

1 Monte Lu y lotos
Los paisajes en miniatura evocan lugares poéticos y mitológicos. Bajo una imitación del monte Lu de China *(arriba)* hay un estanque de lotos sagrado.

INFORMACIÓN ÚTIL
PLANO E2 ■ 1-6-6 Koraku, Bunkyo ■ 3811-3015 ■ www.tokyo-park.or.jp/teien/en/koishikawa

Horario 9.00-17.00 todos los días

Se cobra entrada

....
■ Conviene llegar al jardín antes de que el parque de atracciones contiguo abra. En los calurosos meses estivales el jardín es mucho más fresco que sus alrededores.

■ La Kantoku-tei, una casa de té con una sala que da al estanque de Oigawa, sirve *matcha* (té verde molido) con dulces japoneses tradicionales.

2 Isla Horai-jima
Esta isla, situada en el centro del estanque, representa el paraíso taoísta de Horai-jima. El emperador chino Wu concibió la idea de una isla celestial en un jardín.

3 Puente Engetsukyo
Un sendero sinuoso al cobijo de los árboles conduce al puente de la Luna Redonda *(abajo)*, de estilo chino. Se trata del puente ornamental de piedra más antiguo de Tokio.

4 Muro
El muro actual es una imitación de hormigón armado del muro original *tsuiji* enlucido, pero el musgo y las manchas de los húmedos veranos tokiotas le han conferido la pátina del tiempo.

5 Arrozal simbólico
En el norte del jardín hay un arrozal creado para mostrar las adversidades que sufrían los campesinos. Lo cultivan grupos de escolares.

6 Casa Kuhachiya
Este edificio con tejado de paja, situado en un claro de pinos rojos, es una imitación de una taberna del periodo Edo.

9 Jardín interior

Aparte de una puerta desaparecida hace mucho, este jardín de estilo chino permanece como cuando el clan de Mito lo usaba como sanctasanctórum y lugar de estudio.

7 Puente Tsutenkyo

Este puente (arriba), que salva una quebrada y se sostiene sobre pilotes, es una réplica de una estructura del templo Tofuku-ji de Kioto. Su reflejo en el somero río amplía su tamaño.

8 Jardín de iris

Los iris japoneses blancos y morados plantados en el marjal que rodea el puente en zigzag florecen en la temporada lluviosa de junio. Un viejo sistema de compuertas y diques irriga el marjal.

10 Vergel de ciruelos y 'yatsu-hashi'

Al norte del estanque, un atractivo huerto de ciruelos (arriba) ofrece una fragante floración a principios de febrero. Cerca, un puente yatsu-hashi (en zigzag) de ocho tramos atraviesa un pequeño marjal.

Jardín Koishikawa Koraku-en

Koraku-en Ⓢ

③   ⑩
⑧
⑦   ⑤
①   ⑥
②

Entrada   Jardín Koishikawa Koraku-en

④   ⑨

🔟 ⭐ Santuario Meiji Jingu

Este santuario, dedicado a la memoria del emperador Meiji (1852-1912) y de su esposa, la emperatriz Shoken, es un bello ejemplo de la contenida arquitectura sintoísta. Se terminó en 1921 y fue destruido por un bombardeo en 1945. La actual reconstrucción es indistinguible del original. Los paseos de grava y patios del recinto acogen eventos culturales, como funciones de teatro *noh* y *kyogen,* bailes de corte, conciertos, torneos de arqueros a caballo, modelado de esculturas de hielo y muestras de caligrafía.

Sala principal ③
A este elegante y clásico edificio de estilo sintoísta *(derecha)* se accede a través de tres puertas de madera ornamentadas.

④ Museo del Meiji Jingu
Inaugurado en 2019, este museo, diseñado por el prominente arquitecto nipón Kengo Kuma, está situado en un bosque. Expone objetos relacionados con el emperador Meiji y la emperatriz Shoken, como un ornamentado carruaje imperial.

① 'Torii'
Esta puerta de 12 m *(arriba)* es la mayor *torii* de Japón. Se construyó con cipreses *hinoki* de 1.500 años. Señala la entrada al bosque de árboles perennifolios del santuario.

② Ichi no Torii
La llamada Primera Puerta está situada en la entrada principal del santuario. La *torii* simboliza la percha donde se posó un gallo mitológico antes de anunciar el amanecer que sacó de su cueva a Amaterasu, diosa del sol. Los medallones que representan crisantemos de 16 pétalos son un símbolo de la familia imperial.

INFORMACIÓN ÚTIL

PLANO B5 ▪ 1-1 Yoyogi Kamizonocho, Shibuya ▪ 3379-5511 ▪ www.meijijingu.or.jp

Sala principal: amanecer-anochecer

Jardín de iris: 9.00-16.00 (hasta las 16.30 mar-oct); se cobra entrada

Museo del Meiji Jingu: 9.00-16.30 vi-mi; se cobra entrada

▪ El templo se llena cada 1 de enero con motivo del *hatsumode,* cuando los fieles piden sus deseos para el nuevo año.

▪ Al borde del contiguo parque Yoyogi *(ver p. 51)* hay puestos de tentempiés, platos ligeros y otros refrigerios.

EL EMPERADOR MEIJI

En 1867 dos emisarios británicos, *sir* Harry Parkes y Algernon Mitford, asistieron a una audiencia con el emperador, de 15 años, en su palacio de Kioto. Lo que vieron fue una escena de soberanía medieval: un chico con un brocado blanco y pantalones de seda, los dientes teñidos de negro, las cejas afeitadas y las mejillas pintadas de rojo. Menos de un año después proclamaría el periodo Meiji y, al final de su reinado, Japón era un país industrializado lo bastante fuerte como para haber derrotado a Rusia en 1905.

5 Tablillas votivas
Las *ema*, tablillas votivas para enviar oraciones a los dioses *(derecha)*, siguen siendo populares, en especial entre los estudiantes, que piden ayuda divina para aprobar sus exámenes. También se usan para expresar gratitud por los deseos cumplidos.

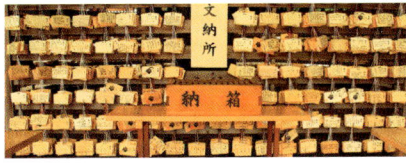

8 Jingu-bashi
En el puente que conduce al santuario se dan cita los aficionados a la moda y al *cosplay*. Muchos llevan peinados rococó y maquillajes góticos.

10 Jardín de iris del Meiji Jingu
Un camino de madera lleva a un jardín *(abajo)* bordeado de árboles y pabellones con tejados de paja. A principios de junio se abren las flores moradas, rosas y blancas de los iris.

6 Procesiones nupciales tradicionales
Al igual que los otros rituales y ceremonias que acoge el santuario, las bodas sintoístas *(arriba)* son discretamente formales pero visualmente deslumbrantes. Suelen celebrarse los sábados por la tarde.

7 Bosque perenne
La mayor parte del recinto es un denso bosque, con más de 120.000 árboles y arbustos, que forman un parque natural.

9 Recuerdos
La tienda de recuerdos vende amuletos, talismanes, flechas de la suerte, llaveros y figuras del perro-mapache *tanuki*.

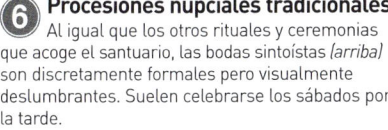

TOP 10 ★ Yanaka

Este oasis de paz, que parece estar detenido en el tiempo, dista mucho de la idea de Tokio como metrópolis del futuro. Se halla a poca distancia al norte del parque Ueno, pero se llega mejor por la estación de Nippori o la línea JR Yamanote. Aquí se reubicaron unos 60 templos y santuarios tras un incendio que devastó el centro en 1657. Siguen en pie junto al cementerio de Yanaka, última morada de muchas luminarias de la ciudad, y Yanaka Ginza, una calle comercial tradicional que retrotrae al pasado de Tokio.

1 Yanaka Ginza
Las multinacionales han sido desterradas de esta calle en favor de las tiendas de alimentación, cafés *(arriba)*, restaurantes de *soba* y tiendas de artesanía como Yanaka Matsunoya, que vende artículos para el hogar.

2 Suwa-jinja
El día de Año Nuevo, sobre el recinto de este santuario de 1202 se cuelgan faroles que muestran el animal del zodiaco del año entrante.

3 Templo Zensho-an
En agosto, este templo zen muestra su colección de pergaminos pintados con fábulas sobrenaturales.

4 Templo Kotozan Daien-ji
Este templo tiene una sala budista y otra sintoísta. Entre el 14 y el 15 de octubre acoge el Festival del Crisantemo, con exposiciones de muñecas hechas con flores y espectáculos de títeres.

6 Templo Tenno-ji
Este templo, fundado en 1274, contiene el *Gran Buda de Yanaka (arriba)*, una estatua de bronce de 1690.

5 Cementerio de Yanaka
Las tumbas del último sogún *(arriba)*, Tokugawa Yoshinobu (1837-1913), y de la asesina Takahashi Oden están entre las sepulturas de figuras notables de este cementerio.

8 Isetatsu

Esta tienda de 1864 *(izquierda)* vende *chiyoga-mi*, un papel estampado hecho a mano que era popular entre los samuráis. Hoy se usa con fines decorativos y para hacer origami.

EL 'GRAN BUDA DE YANAKA'

Los tokiotas sienten un afecto especial por su *Gran Buda de Yanaka*. Esta estatua de 5 m pertenece al Tenno-ji, un templo que resultó dañado en la batalla de Ueno, en 1868 *(ver p. 21)*. El hecho de que la estatua sobreviviera aumenta su atractivo místico. La figura se hizo en bronce en 1690, es de estilo chino, tiene delicados rasgos faciales y representa al buda Shaka-nyorai. Se halla en una tranquila esquina del recinto del templo, rodeada de árboles.

10 Museo Asakura de Escultura

La antigua casa y estudio del escultor Fumio Asakura (1883-1964) contiene muchas de sus bellas estatuas.

7 Ueno Sakuragi Atari

Una ventana al periodo Edo: tres casas de madera tradicionales construidas en 1938 y convertidas en una cervecería, una panadería, dos tiendas y un espacio comunitario.

9 SCAI – The Bathhouse

Esta galería ocupa unos baños públicos bicentenarios renovados. Está especializada en arte contemporáneo y expone obras de artistas como Tatsuo Miyajima.

Yanaka

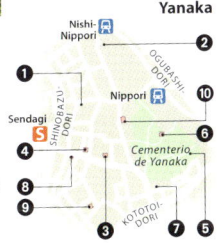

TOP 10 ⭐ Isla de Odaiba

Cuando las megalópolis costeras se quedan sin espacio miran inevitablemente al mar. Una vista aérea de Tokio revela una ciudad apurada hasta los límites y congestionada en el litoral. Aparecen islas de precisas formas geométricas que encajan como piezas de Tetris. Odaiba alberga pabellones de exposiciones, centros comerciales, salas de videojuegos, cafés y restaurantes, pero lo que fascina a sus visitantes son las surrealistas construcciones, que parecen provenir más del futuro que del pasado.

1 Puente del Arcoíris
De noche, este elegante puente (arriba) se ilumina. En verano hay exhibiciones de fuegos artificiales en las aguas circundantes.

DEFENDER LA BAHÍA

En el periodo Edo, el Gobierno Tokugawa construyó islas artificiales con cañones para proteger Tokio de las invasiones. El temor estaba bien fundado: en la década de 1850 una flota estadounidense capitaneada por el comodoro Perry ancló ante la bahía (ver p. 38). Se construyeron seis islas, aunque solo se conservan la 3 y la 6.

2 Tyffonium
El principal atractivo de este centro de ocio son las instalaciones de realidad virtual, como un recorrido por una casa de los horrores o un mundo fantástico lleno de barcos fantasma.

3 RiSuPia
Panasonic, el gigante de la electrónica, muestra sus últimos dispositivos en un excelente centro interactivo que entretiene tanto a niños como a adultos.

4 Joypolis
Este popular parque de atracciones cubierto (abajo) tiene las máquinas de arcade más modernas, las mejores experiencias de realidad virtual de la ciudad con pistolas láser y una montaña rusa interactiva.

Isla de Odaiba

❶ ❸ ❺ ❿ ❽ ❻ ❾ ❹

Kokusai-Tenjijo

Tokyo Teleport

AUTOPISTA SHUTO

PASEO ESTE

PASEO CENTRAL

PASEO OESTE

Parque Shiokaze

❼ ❷

❾ Museo Nacional de Ciencia Emergente e Innovación

Este museo *(abajo)*, situado en un edificio futurista, se centra en el espacio, las ciencias de la vida y la tecnología de vanguardia.

❻ DiverCity Tokyo Plaza

A los amantes de la cultura popular nipona les encanta la estatua del robot Gundam que se alza frente a este centro comercial y la sala de exposiciones de la serie.

❼ Tokyo Big Sight

Este gigantesco centro de exposiciones tiene ocho plantas. Su estructura, todo un desafío a la gravedad, consiste en cuatro pirámides invertidas sobre bases aparentemente estrechas.

❿ Decks Tokyo Beach

Este extenso centro comercial tiene muchos restaurantes y patios al aire libre, además de atracciones como LEGOLAND® y Madame Tussauds™.

❺ Parque Marino de Odaiba

Una playa artificial, una réplica de la estatua de la Libertad y unas espectaculares vistas de la ciudad y del puente del Arcoíris están entre los atractivos de este parque.

❽ Sede de Fuji TV

Los dos bloques de este edificio, diseñado por Kenzo Tange, están unidos por pasarelas aéreas y una esfera de paneles de titanio. La terraza ofrece las mejores vistas de Tokio.

INFORMACIÓN ÚTIL

PLANO D2

Tyffonium: horario variable, consultar web; se cobra entrada; www.tyffonium.com

RiSuPia: 3599-2600; 10.00-18.00 ma-do; se cobra entrada

Joypolis: horario variable, consultar web; www.tokyo-joypolis.com; se cobra entrada

Museo Nacional de Ciencia Emergente e Innovación: 10.00-17.00 mi-lu; se cobra entrada; www.miraikan.jst.go.jp

Tokyo Big Sight: www.bigsight.jp

Sede de Fuji TV: 10.00-18.00 ma-do; se cobra entrada; www.fujitv.com/visit_fujitv

DiverCity Tokyo Plaza: 6380-7800; horario variable, consultar web; mitsuishopping-park.com/divercity-tokyo

■ **La isla se llena los fines de semana**

■ **Se recomienda comer en el Museo Takoyaki Odaiba, en el centro comercial Decks.**

Lo mejor
de Tokio

El jardín Shinjuku Gyoen en otoño

ⓉⓄⓅ❿ Hitos históricos

El templo Senso-ji en 1904

① Fundación del templo Senso-ji

Una imagen dorada de la diosa Kannon hallada por dos pescadores en sus redes en 628 se consagró en el lugar que ocupa hoy el Senso-ji. El templo se ha reconstruido varias veces y, tras los bombardeos de 1945, se levantó una réplica de hormigón armado.

② El castillo de Ota Dokan

La planicie de Musashino se convirtió en un dominio militar con la llegada del señor feudal Ota Dokan en 1456. Su fortaleza se construyó en un lugar llamado Edo, que significa estuario. Hay una estatua del fundador en el Foro Internacional de Tokio, en Yurakucho.

③ Fundación de Edo

El desarrollo de Edo hasta ser la capital militar de Japón empezó con la llegada del sogún Tokugawa Ieyasu en 1590. Se recuperaron tierras, se expandieron las vías acuáticas, se construyeron viviendas y el castillo pasó a ser una gran ciudadela.

④ El incendio del kimono

En 1657, los monjes del templo Hommyo-ji quemaron un kimono maldito: hasta tres chicas habían muerto antes de tener edad para vestirlo. Una ráfaga de viento lo arrastró, provocando un incendio que costó las vidas de unas 100.000 personas.

⑤ Los '47 'ronin'

En 1701, el señor feudal Asano se vio obligado a cometer un suicidio ritual por sacar su espada en la corte. Sus vasallos, convertidos en *ronin* (samuráis sin señor), vengaron la muerte de Asano matando a su oponente, Kira, y llevaron su cabeza a la tumba de su señor. Este acto hizo que las autoridades ordenaran el suicidio ritual de los 47 leales vasallos.

⑥ Los 'barcos negros'

El 8 de julio de 1853, el comodoro Matthew C. Perry fondeó cuatro buques armados en la bahía de Edo para forzar a los japoneses a iniciar relaciones diplomáticas y comerciales. Los llamados "barcos negros" mostraron la superior tecnología occidental a un país que había rehuido el progreso.

Litografía de los "barcos negros" de Perry

⑦ Gran Terremoto de Kanto

El 1 de septiembre de 1923, a las 11.58, cuando la gente preparaba la comida en braseros o cocinas de gas, un seísmo de magnitud 7,9 en la escala de Richter sacudió la ciudad. Unas 140.000 personas murieron y el 45% los edificios quedaron destruidos. Este terrible terremoto aniquiló muchos vestigios del pasado.

⑧ Bombardeos

Los bombardeos estadounidenses sobre Tokio en la Segunda Guerra Mundial causaron muchas víctimas civiles. La ciudad sufrió 102 ataques; el peor acaeció en la noche del 9 al 10 de marzo de 1945, cuando unos 300 bombarderos B-29 lanzaron gasolina gelatinosa (napalm) en las zonas residenciales del este, matando entre 80.000 y 100.000 civiles.

Prueba olímpica de pértiga en 1964

⑨ Juegos de 1964 y 2020

Los Juegos Olímpicos de 1964, los primeros celebrados en Asia y televisados a todo el mundo, vieron a Tokio renacer de las cenizas de la Segunda Guerra Mundial con estadios modernos, una autopista y la inauguración del tren bala *shinkansen*. En 2020, cuando la ciudad se preparaba para su segunda cita olímpica, la pandemia de COVID-19 obligó a celebrar el evento en 2021 sin espectadores.

⑩ Asesinato de Shinzo Abe

En 2022, el asesinato del primer ministro nipón con mayor duración en el cargo, Shinzo Abe, conmocionó a uno de los países con menor tasa de crímenes con armas de fuego. Abe dejó un legado de audaces reformas militares y políticas económicas.

TOP 10: TOKIOTAS FAMOSOS

La gran ola, **de Katsushika Hokusai**

1 Katsushika Hokusai
Hokusai (1760-1849), famoso xilógrafo del periodo Edo, publicó 30.000 estampas y 500 libros.

2 Natsume Soseki
Considerado por muchos el mayor escritor nipón, Soseki (1867-1916) situó varias de sus novelas en Tokio.

3 Ichiyo Higuchi
El rostro de esta escritora (1872-1896), que murió de tuberculosis, figura en los billetes de 5.000 yenes.

4 Junichiro Tanizaki
Tanizaki (1886-1965) exploró temas como la sexualidad, la modernidad occidental y el materialismo en sus novelas.

5 Toshiko Yuasa
Yuasa (1909-1980) fue la primera física de Japón y la primera japonesa que trabajó como científica en el extranjero.

6 Akira Kurosawa
Kurosawa (1910-1998), el cineasta más conocido de Japón, inspiró a Steven Spielberg y George Lucas.

7 Yoko Ono
Ono (n. 1933) ya era una reputada artista, música y cineasta experimental antes de conocer a John Lennon.

8 Hayao Miyazaki
Miyazaki (n. 1941) es el premiado director de *El viaje de Chihiro* y muchos otros clásicos de la animación nipona.

9 Ryuichi Sakamoto
El prolífico Ryuichi Sakamoto (1952-2023) compuso la banda sonora de *El último emperador,* de Bernardo Bertolucci.

10 Marie Kondo
La escritora, estrella televisiva y experta en orden Marie Kondo (n. 1984) es consultora de organización.

TOP10 Edificios históricos

① Templo Hongan-ji
PLANO N5 ▪ 3-15-1 Tsukiji, Chuo ▪ 3541-1131 ▪ www.tsukiji hongwanji.jp

Incluso en una ciudad conocida por su arquitectura ecléctica, este templo de inspiración india es extraordinario. Su diseñador, Ito Chuta, rindió homenaje al origen indio del budismo con esta obra en 1935.

Imponente fachada del Hongan-ji

② Edificio de la Dieta Nacional
PLANO K4 ▪ 1-7-1 Nagatacho, Chiyoda ▪ 5521-7445 ▪ Horario: 8.00-17.00 lu-vi ▪ Cerrado festivos ▪ www.sangiin.go.jp

La sede del Parlamento japonés se completó en 1936. Tiene una cúpula piramidal y se divide en dos cámaras: la Cámara de Representantes (o Alta) y la de Consejeros (o Baja). Las visitas incluyen la galería pública, la sala del Emperador y el salón central.

③ Museo Arquitectónico al Aire Libre de Edo-Tokio
Treinta edificios históricos de Tokio desde el periodo Edo hasta la década de 1940 forman este extenso museo (ver p. 114), ubicado en el parque de Koganei. Incluyen una casa de labor del siglo XIX y una casa de baños de la década de 1920.

④ Mansión Kyu Iwasaki-tei
PLANO F2 ▪ 1-3-45 Ikenohata, Taito ▪ 3823-8340 ▪ Horario: 9.00-17.00 todos los días ▪ Se cobra entrada ▪ www.tokyo-park.or.jp/park/ format/ index035.html

Esta gran residencia de madera de 1896 es un bello ejemplo de sincretismo Meiji. La construyó el arquitecto inglés Josiah Conder mezclando los estilos jacobino, gótico y rural de Pensilvania. Tiene casetones de madera, chimeneas de piedra, suelos de parqué y el primer váter de estilo occidental de Japón.

⑤ Banco de Japón
El sólido diseño neoclásico de este edificio de 1896 (p. 75) es de Tatsuno Kingo, primer arquitecto nipón de estilo occidental. El edificio ocupa el lugar de la casa de la moneda del sogunato. Las visitas guiadas dan a conocer su estructura, su historia y su función actual.

Cámara de la Dieta Nacional

Vestíbulo de la estación de Tokio

6 Estación de Tokio

El edificio de la estación de Tokio *(ver p. 76)*, amenazado de demolición en muchas ocasiones, ha sobrevivido gracias a los esfuerzos de varios grupos de conservación a lo largo de los años. Lo diseñó Tatsuno Kingo en 1914 y está construido con ladrillo local y reforzado con acero traído de Gran Bretaña y Estados Unidos.

7 Templo Gokoku-ji

PLANO C1 ▪ 5-40-1 Otsuka, Bunkyo ▪ 3941-0764 ▪ www.gokokuji.or.jp

Este extenso complejo religioso alberga elementos interesantes, como un campanario y una rara pagoda de dos pisos. El templo principal tiene colosales pilares de madera, un enorme tejado de cobre y un oscuro interior lleno de valiosos objetos budistas.

8 Edificio Hattori

PLANO M4 ▪ 4-5-11 Ginza, Chuo ▪ 3562-2111 ▪ Horario: 10.30-19.00 todos los días ▪ www.wako.co.jp

Este inmueble, creado por Jin Watanabe en 1932 y comúnmente conocido como edificio Waco, es un punto de referencia en Ginza. Lleva el nombre de la joyería que alberga y ha aparecido en varias películas. El interior es tan impresionante como el exterior.

9 Edificio del Ministerio de Justicia

PLANO L4 ▪ 1-1-1 Kasumigaseki, Chiyoda ▪ 3580-4111

No está abierto al público, pero vale la pena echar un vistazo a su exterior, bien renovado en la década de 1990. Una firma alemana, Ende & Böckmann, diseñó en 1895 este edificio de ladrillo que mezcla elegancia formal y funcionalidad.

10 Catedral ortodoxa

La catedral de la Santa Resurrección de 1891 *(ver p. 43)* sobrevivió casi intacta al terremoto de 1923: solo se destruyó su cúpula. Tras el desastre se construyó una nueva cúpula verde sobre el crucero y se instalaron unas impresionantes vidrieras policromas.

TOP10 Lugares de culto

1 Templo Senso-ji

La vida en el barrio de Asakusa gira en torno a este enorme templo *(ver pp. 14-15)*. El amplio tejado de la sala principal se ve desde la Kaminari-mon, una de las grandes puertas del recinto. En el interior, las velas, las varillas de incienso y las placas votivas realzan el aire de santidad.

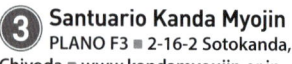
El Senso-ji, con su rica ornamentación

2 Templo Sengaku-ji

PLANO C1 ▪ 2-11-1 Takanawa, Minato ▪ Horario: 7.00-18.00 todos los días (hasta las 17.00 oct-mar) ▪ sengakuji.or.jp

Las tumbas de los 47 *ronin*, obligados a suicidarse tras vengar la muerte de su señor *(ver p. 38)*, se encuentran en este templo, que data de 1612. La sala principal fue arrasada por las bombas en 1945, pero se ha reconstruido fielmente.

3 Santuario Kanda Myojin

PLANO F3 ▪ 2-16-2 Sotokanda, Chiyoda ▪ www.kandamyoujin.or.jp

Fundado en 730, pero erigido en su ubicación actual en 1616, este templo se ha reconstruido muchas veces. Su aspecto actual emula el de 1616, con tejado de cobre, una *torii* de cobre y una ornamentada puerta principal.

4 Santuario Nezu

PLANO E1 ▪ 1-28-9 Nezu, Bunkyo ▪ 3822-0753

Este santuario, fundado en 1706 por el quinto sogún, Tsunayoshi, está dedicado a Inari, deidad del arroz. El recinto conserva la mayoría de sus elementos originales. Los altos cedros, los ginkgos y el estanque de carpas crean un imponente entorno natural. La entrada pintada, las *torii* naranjas y las banderolas le dan color.

5 Templo Yushima Seido

PLANO F3 ▪ 1-4-25 Yushima, Bunkyo ▪ 3251-4606 ▪ Horario: 9.30-17.00 todos los días (hasta las 16.00 oct-mar)

Se fundó en 1632 y es uno de los pocos templos confucionistas de Tokio. El recinto actual, con su gran patio enlosado, data de 1935. Cerca de la entrada principal hay una estatua de Confucio.

6 Santuario Yasukuni

PLANO D3 ▪ 3-1-1 Kudankita, Chiyoda ▪ 3261-8326 ▪ Horario: 6.00-18.00 todos los días (hasta las 17.00 nov-feb) ▪ www.yasukuni.or.jp

La política y la religión coexisten incómodamente en este santuario, dedicado a las almas de los caídos

Entrada al santuario Kanda Myojin

en las guerras de Japón. Construido en 1869, este santuario posee una imponente *torii*, cerezos, un jardín con estanque y una casa de té.

7 Santuario Hie
Reconstruido en 1958 tras los bombardeos de Tokio, el edificio de 1659 sirvió originalmente como santuario protector del castillo de Edo. En agradecimiento, los sucesivos sogunes donaron espadas y caballos sagrados al santuario *(ver p. 95)*. Una sucesión de *torii* naranjas forma un colorido túnel en el recinto.

8 Catedral ortodoxa
PLANO F3 ▪ 4-1 Kanda-Surugadai, Chiyoda ▪ 3295-6879 ▪ Horario variable, consultar web

Construida con fondos del zar de Rusia y diseñada por el inglés Josiah Conder, esta iglesia rusa ortodoxa de finales del siglo XIX, con sus añadidos posteriores al terremoto de 1923, es muy diferente a los templos de la ciudad. Debe su nombre a su fundador, san Nicolás Kassatkin, un misionero del siglo XIX que convirtió a miles de japoneses de Hokkaido.

9 Santuario Meiji Jingu
Este impresionante santuario *(ver pp. 30-31)*, dedicado a las almas del emperador Meiji y la emperatriz Shoken, se construyó en puro estilo sintoísta. Esto se refleja en cada elemento: el patio delantero de grava, los pilares de ciprés, las limpias líneas de la sala principal o el majestuoso tejado de cobre, que parece flotar.

El Zojo-ji, reconstruido hacia 1970

10 Templo Zojo-ji
Este templo *(ver p. 97)* fue escenario de los funerales de seis sogunes Tokugawa. Destacan su puerta principal, la San-mon, que data de 1622, y la Daibonsho, una campana de 15 toneladas. Alberga un cedro del Himalaya plantado por Ulysses S. Grant en 1879.

TOP10 **Museos**

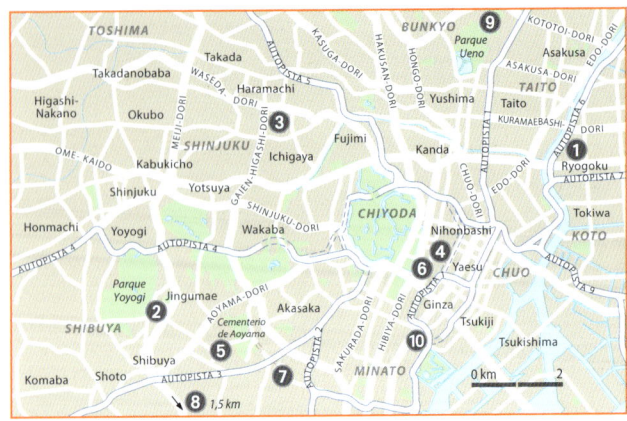

1 Museo de Edo-Tokio
PLANO H3 ▪ 1-4-1 Yokoami, Sumida ▪ Cerrado por reformas hasta 2025 ▪ www.edo-tokyomuseum.or.jp

Este museo traza la historia de Edo y Tokio para entender cómo un pueblo pesquero se ha convertido en una megalópolis. Cubre tanto la creación de la ciudad como los desastres naturales y humanos que la han remodelado.

Museo Conmemorativo de Arte Ota

2 Museo Conmemorativo de Arte Ota
La extensa colección privada de xilografías *ukiyo-e* de este fascinante museo *(ver p. 110)* se muestra en exposiciones que se van renovando. Las imágenes ofrecen una muestra representativa de la vida en Edo, desde sus calles y sus mercados de pescado hasta los barrios de ocio.

3 Museo Yayoi Kusama
Este museo de Shinjuku *(ver p. 107)*, dedicado a la artista de vanguardia favorita de los japoneses, es de visita obligada para los amantes del arte contemporáneo. En la azotea se hallan las singulares esculturas de calabazas de Kusama. Solo admite 200 visitantes al día, así que hay que comprar las entradas con antelación.

4 Intermediatheque
Ocupa las plantas segunda y tercera del centro comercial Kitte y parece más una tienda de diseño que un museo tradicional. Intermediatheque *(ver p. 76)* muestra la ecléctica colección de la Universidad de Tokio. Gabinetes de curiosidades comparten espacio con instalaciones de arte contemporáneo. Para los amantes de la música ofrece audiciones de discos raros en gramófonos.

5 Museo Nezu
Este museo de arte *(ver p. 100)*, ubicado en un elegante edificio diseñado por Kengo Kuma, muestra tesoros de Japón y Oriente en exposiciones temporales. Su jardín ornamental alberga esculturas de bronce y una casa de té contemporánea.

Pieza del Museo Idemitsu de las Artes

6 Museo Idemitsu de las Artes

Este museo *(ver p. 82)* contiene una de las mejores colecciones privadas de arte nipón y asiático de Tokio, unas 15.000 piezas que incluyen exquisita cerámica japonesa, china y coreana, fragmentos de alfarería antigua, caligrafía y biombos. Suelen exponerse de forma rotativa.

7 Museo de Arte Mori

PLANO T5 ▪ 6-10-1 Roppongi, Minato ▪ 5777-8600 ▪ Horario: 10.00-22.00 mi-lu (hasta las 17.00 ma) ▪ Se cobra entrada ▪ www.mori.art.museum

Antigüedad del Museo Nacional de Tokio

Aunque no disponen de colección permanente, las enormes galerías de la torre Mori, en Roppongi Hills, acogen algunas de las exposiciones más exitosas de Tokio. Figuras de la talla de Takashi Murakami exponen con frecuencia.

8 Museo de Arte Fotográfico de Tokio

PLANO C1 ▪ Ebisu Garden Place, 1-13-3 Mita, Meguro ▪ 3280-0099 ▪ Horario: 10.00-18.00 ma-do (hasta las 20.00 ju y vi) ▪ Se cobra entrada en las exposiciones especiales ▪ topmuseum.jp

Las grandes figuras de la fotografía nipona y occidental se muestran en este excelente museo, en cuyas cinco plantas se relata la historia de la fotografía y el vídeo a través de 35.000 imágenes y objetos relacionados. Durante todo el año ofrece exposiciones especiales con algunas de las mejores obras del mundo.

9 Museo Nacional de Tokio

Este enorme museo posee la mayor colección mundial de arte y antigüedades de Japón. El arte japonés se expone en la galería Honkan; los hallazgos arqueológicos, en la Heiseikan; el arte chino, coreano y centroasiático está en la Toyokan; y los pergaminos y las esculturas budistas, en la Galería de los Tesoros de Horyu-ji *(ver pp. 24-27)*.

10 Ad Museum Tokyo

Las creativas obras publicitarias expuestas en este museo *(ver p. 83)* están patrocinadas por Dentsu, la mayor agencia de publicidad nipona. La colección permanente explora la larga historia del arte comercial en Japón. En la sala de televisión se ofrecen excelentes anuncios.

Creativa exposición en el Museo de Arte Mori de Tokio

TOP 10 Galerías de arte

1 Spiral

PLANO B6 ▪ 5-6-23 Minamiaoyama, Minato ▪ 3498-1171 ▪ Horario: 11.00-19.00 todos los días ▪ Se cobra entrada ▪ www.spiral.co.jp

Este centro, diseñado por el reputado arquitecto Fumihiko Maki, ofrece arte, música, cine y teatro. Una rampa en espiral lleva desde el café de la planta baja hasta la sala principal.

2 Galería Shiseido

PLANO M5 ▪ Edif. Tokyo Ginza Shiseido B1, 8-8-3 Ginza, Chuo ▪ 3572-3901 ▪ Horario 11.00-19.00 ma-sá (hasta las 18.00 do) ▪ gallery.shiseido.com

Esta elegante galería presenta a artistas contemporáneos japoneses y foráneos, y ofrece retrospectivas y exposiciones relacionadas con la moda.

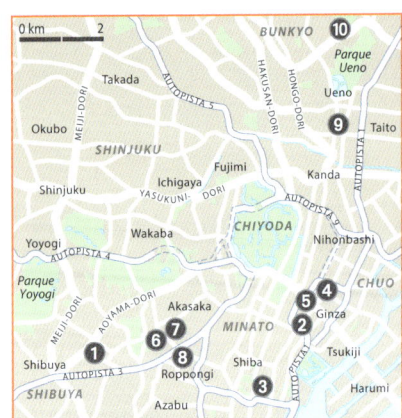

3 The Tolman Collection

PLANO E6 ▪ 2-2-18 Shiba Daimon, Minato ▪ 3434-1300 ▪ Horario: 11.00-19.00 mi-do ▪ tolmantokyo.com

Esta institución posee unas 1.500 estampas, aguatintas, grabados, litografías y xilografías japonesas. La colección incluye ediciones firmadas y numeradas de obras de artistas como Shingo Araki y Miki Gojo.

4 Galería Koyanagi

PLANO N4 ▪ 1-7-5 Ginza, Chuo ▪ 3561-1896 ▪ Horario: 12.00-18.00 ma-sá ▪ www.gallerykoyanagi.com

Figuras del grabado y la fotografía japonesas y extranjeras muestran sus obras en esta espaciosa galería privada situada en la octava planta de un edificio de oficinas.

5 Galería Ginza Graphic

PLANO M5 ▪ Edif. DNP Ginza, 1F, 7-7-2 Ginza, Chuo ▪ 3571-5206 ▪ Horario: 11.00-19.00 lu-sá ▪ www.dnpfcp.jp/gallery/ggg_e/

Esta galería, reabierta en abril de 2016 tras una restauración, está patrocinada por DNP, una de las grandes imprentas de Japón. Expone obras de diseñadores gráficos japoneses.

La llamativa Galería Shiseido

Espectacular edificio del Centro Nacional de Arte de Tokio

6 Centro Nacional de Arte de Tokio

Este enorme espacio dedicado al arte *(ver p. 95)* tiene 516.668 m² y dispone de 12 salas para todo tipo de eventos comisariados por el propio centro y por asociaciones artísticas de todo el país.

7 Museo de Arte Suntory

PLANO D5 ▪ Tokyo Midtown Galleria, 3F, 9-7-4 Akasaka, Minato ▪ Horario: 10.00-18.00 mi-lu (hasta las 20.00 vi y sá) ▪ Se cobra entrada ▪ www.suntory.com/sma

Este museo, situado en el complejo Tokyo Midtown *(ver p. 95)*, no posee una colección permanente, sino que organiza cinco o seis exposiciones temáticas al año centradas en artes japonesas como la cerámica, la cristalería y la pintura. Dos jueves al mes ofrece ceremonias del té en las que los visitantes pueden degustar *matcha* y dulces tradicionales.

8 Galería Taka Ishii

PLANO T5 ▪ 6-5-24 Roppongi, Minato ▪ 3643-7010 ▪ Horario: 12.00-18.00 ma-sá ▪ www.taka ishiigallery.com

Esta galería, que ofrece muestras individuales y colectivas, es un buen lugar para descubrir a artistas emergentes nipones. Las exposiciones cubren una amplia variedad de disciplinas: escultura, pintura, instalaciones de luz y fotografía.

9 3331 Arts Chiyoda

PLANO F2 ▪ 6-11-14 Sotokanda, Chiyoda ▪ 6803-2441 ▪ Horario: 10.00-21.00 todos los días ▪ www.3331.jp

Está a unos pasos de Akihabara, meca del anime, el manga y los frikis de los ordenadores. Las exposiciones, instalaciones interactivas y talleres de esta antigua escuela son divertidas y eclécticas.

Taller de arte en 3331 Arts Chiyoda

10 SCAI – The Bathhouse

Esta galería *(ver p. 33)* ocupa unos baños públicos del periodo Edo restaurados en el barrio de Yanaka; vale la pena visitarla solo por ver el edificio. En su interior minimalista de altos techos se exponen obras de conocidos artistas experimentales japoneses y de artistas emergentes extranjeros. Aquí lo antiguo convive con lo nuevo.

TOP 10 Edificios modernos y contemporáneos

Torre Mode Gakuen Cocoon

1 Torre Mode Gakuen Cocoon

PLANO U2 ∎ 1-7-3 Nishishinjuku, Shinjuku

Este edificio de 2008, uno de los rascacielos más elegantes de Tokio, es obra de Kenzo Tange. Situado en Shinjuku, tiene 50 plantas y su diseño exterior entrecruzado está inspirado en los capullos de los gusanos de seda.

2 Sede de Fuji TV

Este edificio emblemático de Odaiba de 1997 (ver p. 35) fue diseñado por Kenzo Tange, premio Pritzer de Arquitectura y figura clave del movimiento metabolista de la década de 1960. Tange conectó las dos torres con "calles en el cielo" y acentuó la estructura con una esfera de titanio de 1.350 toneladas.

3 Asahi Beer Hall

PLANO S3 ∎ 1-23-1 Azumabashi, Sumida

Este conjunto, diseñado por Philippe Starck, es también conocido como Super Dry Hall y Flamme d'Or, por la gigantesca escultura que corona uno de sus módulos. El edificio principal emula una jarra de cerveza con espuma.

4 Sede del Gobierno Metropolitano de Tokio

Hay que dar unos pasos atrás en la plaza del Ciudadano para admirar la simetría de la sede del Gobierno Metropolitano de Tokio (ver p. 109), un edificio de 48 plantas y dos torres gemelas. Esta creación de Kenzo Tange dialoga con la catedral parisina de Notre Dame desde un prisma nipón del siglo XX.

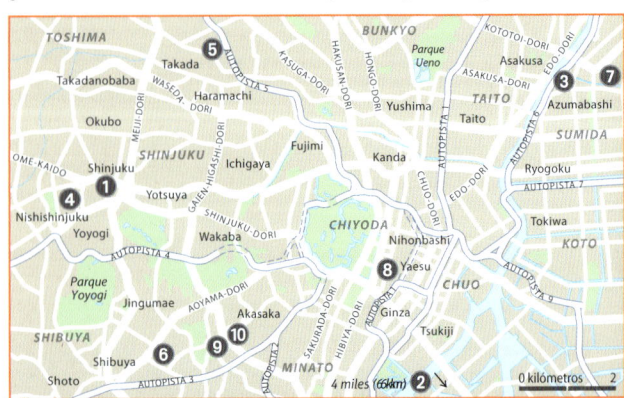

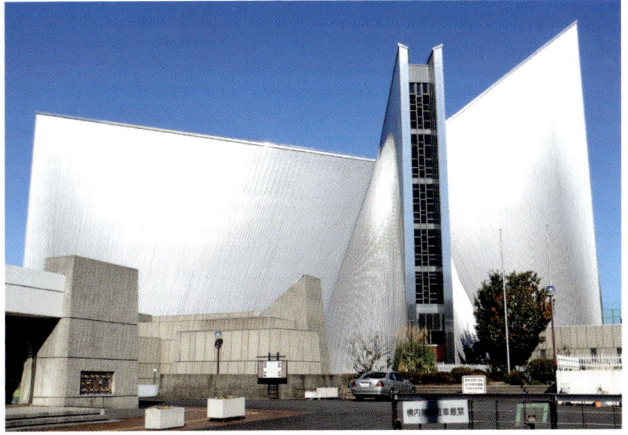

Elegante exterior de la catedral de Santa María

5 Catedral de Santa María
PLANO C1 ■ 3-16-15 Sekiguchi, Bunkyo ■ 3941-3029

La catedral gótica original se quemó en la Segunda Guerra Mundial. En 1964 la rediseñó el arquitecto Kenzo Tange, autor también del primer estadio olímpico de Tokio en Yoyogi.

6 Edificio Prada Aoyama

El estudio suizo Herzog & de Meuron causó sensación en el elegante barrio de Aoyama en 2003 con esta distintiva *boutique* de seis plantas (ver p. 104) para la famosa firma de moda italiana. El edificio, cubierto de ventanas romboidales verdes, parece estar envuelto en plástico de burbujas.

7 Tokyo Skytree

Es difícil ignorar la Tokyo Skytree (ver p. 89), la torre exenta más alta del mundo, visible desde muchas partes de la ciudad. A pesar de su modernidad, está construida con los mismos principios aplicados por los arquitectos durante

La Tokyo Skytree despunta sobre la ciudad

siglos para proteger las pagodas de los terremotos.

8 Foro Internacional de Tokio

Esta obra de 1996 (ver p. 82) de Rafael Viñoly simboliza el fin de la arquitectura del siglo XX en Tokio. El edificio está compuesto por varias salas de actos y un centro de convenciones que cuelga de un recinto elíptico hecho con unos 3.000 paneles de vidrio templado.

9 Centro Nacional de Arte de Tokio

El último adiós de Kisho Kurokawa fue este centro de exposiciones (ver p. 95) de 2007, uno de los vértices del Triángulo del Arte de Roppongi. Su fachada ondulada de vidrio y acero impresiona, igual que el elevado vestíbulo, dominado por dos enormes conos invertidos.

10 21_21 Design Sight
PLANO D5 ■ 9-7-6 Akasaka, Minato ■ 3475-2121 ■ www.2121designsight.jp

Como un iceberg, la mayor parte de este edificio de Tadao Ando está bajo tierra y solo anuncian su presencia los afilados tejados de acero de dos bajos pabellones. Las salas de exposiciones son de hormigón pulido.

TOP10 Parques y jardines

de la entrada se alza un gran pino japonés plantado en 1704 que ha sobrevivido a terremotos, incendios y bombardeos. El elemento más interesante de este extenso jardín es un estanque mareal que atrae a peces de agua salada.

3 Parque Hibiya

Este parque *(ver p. 81)*, situado en un feudo convertido en explanada de desfiles militares, es el primero de estilo occidental abierto en Japón, en 1903. Una pradera, una rosaleda, un quiosco de música y un teatro ocupan el centro. En la esquina oeste hay un estanque con una fuente original con forma de garza y un gran emparrado de glicinas.

1 Jardín de la Embajada de Canadá

PLANO C5 ▪ Embajada de Canadá 4F, 7-3-38 Akasaka, Minato ▪ 5412-6200 ▪ Horario: 9.00-17.30 lu-vi (previa reserva)

Este jardín de piedra ocupa una terraza de la embajada. Es obra de Shunmyo Masuno, uno de los diseñadores de jardines más innovadores de Japón. Piedras traídas de Hiroshima forman el Escudo Canadiense y representan las relaciones entre Japón y Canadá. Para entrar se requiere documento identificativo.

4 Jardín Mukojima Hyakka-en

PLANO D1 ▪ 3-18-3 Higashimukojima, Sumida ▪ 3611-8705 ▪ Horario: 9.00-17.00 todos los días ▪ Se cobra entrada ▪ www.tokyo-park.or.jp/teien/en/mukojima

Este jardín se terminó en 1804 en lo que era un barrio de templos y casas de té, cerca del río Sumida *(ver pp. 16-17)*. Es el único jardín de flores que se conserva del periodo Edo.

2 Jardín Hamarikyu

El jardín Hamarikyu *(ver p. 82)* data de 1654, del periodo Edo. Cerca

5 Jardín Kiyosumi

PLANO H4 ▪ 3-3-9 Kiyosumi, Koto ▪ 3641-5892 ▪ Horario: 9.00-17.00 todos los días ▪ Se cobra entrada ▪ www.tokyo-park.or.jp/teien/en/kiyosumi

Para crear este jardín se trajeron rocas raras de todo el país en barcos de vapor. Formaba parte de una finca propiedad del fundador de Mitsubishi. Una casa de té tradicional domina un gran estanque con islotes donde pueden verse peces y tortugas. Otro elemento llamativo es una colina artificial con la forma del monte Fuji.

El jardín Hamarikyu, un retiro urbano

Jardín Koishikawa Koraku-en

6 Jardín Koishikawa Koraku-en

El jardín más antiguo de Tokio *(ver pp. 28-29)* recrea en miniatura famosos lugares de Japón y China. Una sencilla loma cubierta de hierba representa el monte Lu, en la provincia china de Jiangxi, y un somero arroyo evoca el río Oikawa, en Kioto.

7 Shinjuku Gyoen

Este jardín *(ver p. 107)* se terminó en 1772 y destaca por su variedad y su carácter multicultural. Está dividido en tres secciones: francesa, inglesa y japonesa. Posee un viejo invernadero con plantas tropicales.

Primavera en el Shinjuku Gyoen

8 Jardín Rikugi-en

PLANO C1 ■ 6-16-3 Honkomagome, Bunkyo ■ 3941-2222 ■ Horario: 9.00-17.00 todos los días ■ Se cobra entrada ■ www.tokyo-park. or.jp/teien/en/rikugien

El nombre de este jardín, terminado en 1702, tiene que ver con los seis principios aplicados de la poesía *waka*. Aunque el simbolismo oculto del jardín no es fácil de descifrar, cualquiera puede apreciar sus paisajes curvilíneos, la sencillez de las casas de té zen y la abundancia de árboles.

9 Parque Yoyogi

PLANO A5 ■ 2-1 Yoyogikamizonocho, Shibuya ■ 3469-6081 ■ Abierto las 24 horas

Este amplio parque con praderas e instalaciones recreativas, muy frecuentado por familias, ciclistas, corredores y patinadores, es el lugar ideal para improvisar un pícnic. Alberga un jardín botánico y un santuario de aves y acoge espectáculos callejeros los domingos *(ver p. 57)*.

10 Instituto para el Estudio de la Naturaleza

PLANO C1 ■ 5-21-5 Shirokanedai, Minato ■ 3441-7176 ■ Horario: mayago: 9.00-17.00 ma-do (hasta las 16.30 sep-abr) ■ Se cobra entrada ■ www.ins. kahaku.go.jp

El parque, en una sección bien conservada de la planicie de Musashino, alberga una gran variedad de aves, insectos y tortugas, y más de 8.000 árboles. Un pequeño museo alerta sobre la pérdida de vegetación en Tokio.

TOP10 Rutas menos frecuentadas

Comercio en Shimokitazawa

1 Shimokitazawa
PLANO C1

Los fines de semana, los jóvenes llenan las callejuelas del suroeste de Shibuya atraídos por sus *boutiques,* tiendas de segunda mano, discotecas y teatros experimentales.

2 Ikebukuro
PLANO C1

Este barrio del norte, situado en torno a una estación ferroviaria, alberga grandes almacenes, las tiendas de manga y anime de Otome Road y la escuela Myonichikan, diseñada por Frank Lloyd Wright.

3 Daikanyama y Naka-Meguro
PLANO C1

Dainkanyama y Naka-Meguro, al suroeste de Shibuya, están entre las

Cerezos ribereños en el río Meguro

zonas más agradables de la ciudad para ir de tiendas, bares y cafés. El río Meguro, bordeado de cerezos, es un lugar imprescindible en la temporada de *hanami.*

4 Jardines Kyu-Furukawa
PLANO C1 ▪ 1-27-39 Nishigahara, Kita ▪ 3910-0394 ▪ Horario: 9.00-17.00 ▪ www.tokyo-park.or.jp/teien/en/kyu-furukawa

Los macizos de rosas y azaleas caracterizan a estos jardines. Mejor contemplarlos tomando un *matcha* (té verde) en la casa de té.

5 Línea Toden Arakawa

La última de las líneas de tranvía municipales, que presta servicio entre Waseda y Minowabashi, recorre 12 km por el norte de la ciudad. Es un viaje retro que cuesta solo 170 yenes y muestra las partes menos turísticas de Tokio.

6 Kuramae
PLANO G3

Este barrio, a un corto paseo al sur de la bulliciosa Asakusa, es conocido como el Brooklyn de Tokio. Los diseñadores más prometedores venden sus creaciones en *boutiques indie.* Los artesanos trabajan en sus talleres. Además hay varias cafeterías de moda ideales para tomar un buen café y descansar después de ir de compras.

7 Ningyocho
PLANO G4

Entre Nihonbashi y el río Sumida se halla este barrio de Shitamachi (antigua zona popular de Tokio), lleno de templos, santuarios y tiendas tradicionales, como las de Amazake Yokocho.

8 Ryogoku
PLANO G3 ∎ Estadio Nacional de Sumo: 1-3-28 Yokoami, Sumida; 3623-5111 ∎ Museo: 10.00-16.30 lu-vi ∎ www.sumo.or.jp

En el Estadio Nacional de Sumo de este barrio se celebran torneos de 15 días en enero, mayo y septiembre; el resto del año, el edificio abre un pequeño museo del sumo. Ryogoku también alberga varios restaurantes de *chanko-nabe,* el contundente estofado que comen los luchadores.

Luchadores de sumo listos para competir

9 Museo del Sable Japonés
PLANO H3 ∎ 1-12-9 Yokoami, Sumida ∎ 6284-1000 ∎ Horario: 9.30-17.00 ma-do ∎ Se cobra entrada ∎ www.touken.or.jp

Unos 30 de los 120 sables japoneses de este museo son tesoros nacionales y están entre las mejores armas blancas jamás fabricadas.

10 Kagurazaka
PLANO D3 ∎ 1-10 Akagi-Motomachi, Shinjuku ∎ 3260-5071

Las encantadoras callejuelas de adoquines, tiendas y cafés de este antiguo barrio de *geishas* evocan el Tokio de los viejos tiempos. El santuario Akagi recibió una remodelación más contemporánea en 2010 a cargo del conocido arquitecto Kengo Kuma.

TOP 10: ZONAS COMERCIALES

Asagaya Pearl Center

1 Asagaya Pearl Center
PLANO C1 ∎ Suginami
Larga galería con conocidas tiendas de dulces, kimonos y artesanía.

2 Jimbocho
PLANO E3 ∎ Chiyoda
Tiendas de deportes invernales y de libros raros y de segunda mano.

3 Kappabashi-dori
PLANO Q2 ∎ Taito
Calle con unas 100 tiendas de utensilios de cocina *(ver p. 89).*

4 Ochanomizu
PLANO F3 ∎ Chiyoda
Tiendas especializadas en instrumentos musicales y guitarras antiguas.

5 Kichijoji Sunroad
Musashino
Galería retro con tiendas de todo tipo, de artículos cotidianos a kimonos *vintage.*

6 Shimo-Kitazawa
PLANO C1 ∎ Setagaya
Moderno barrio con tiendas de ropa *vintage* y discos de segunda mano.

7 Nippori Fabric Town
PLANO F1 ∎ Arakawa
En la Chuo-dori hay 90 tiendas de telas y accesorios de costura.

8 Sunamachi Ginza
PLANO R3 ∎ Koto
Calle comercial tradicional con puestos de comida y negocios familiares.

9 Sugamo Jizo-dori
PLANO C1 ∎ Toshima
La "Harajuku de las abuelas" alberga tiendas de alimentación, ropa para mayores y ropa interior roja de la suerte.

10 Togoshi Ginza
PLANO C2 ∎ Shinagawa
La *shotengai* (calle comercial) más larga de Tokio, con tiendas de segunda mano y puestos de comida.

TOP10 Tokio para niños

1 Joypolis

Este centro de entretenimiento, situado en el complejo Decks Tokyo Beach, en Odaiba *(ver p. 34)*, tiene simuladores, juegos de arcade y realidad virtual. Los más pequeños se divierten buscando el tesoro en el Saqueo del Pirata. Los mayores navegan virtualmente por el Río Salvaje y cazan zombis con láser.

Visitantes en Joypolis

2 Museo del Tambor

PLANO Q3 ▪ 2-1-1 Nishiasakusa, Taito ▪ 3842-5622 ▪ Horario: 10.00-17.00 mi-do ▪ Se cobra entrada

Este museo interactivo tiene una colección de unos 800 *taiko* (tambores) de todo el mundo. Lo más divertido son los festivales de percusión nipona. Los tambores con etiquetas azules se pueden tocar con cuidado, pero los marcados en rojo no está permitido. Los que no tienen etiquetas pueden tocarse libremente.

Colorido exterior del Museo Ghibli

3 Museo de la Cometa

En este encantador museo *(ver p. 77)* se exponen unas 400 cometas de formas variadas: calamar, luchador de sumo o monte Fuji. Algunas están ilustradas con personajes de manga, samuráis y actores de kabuki.

4 KidZania

PLANO G6 ▪ Lalaport Toyosu, 2-4-9 Toyosu, Koto ▪ 0570-064012 ▪ Horario: 9.00-15.00 y 16.00-21.00 ▪ Se cobra entrada ▪ www.kidzania.jp

Los niños menores de 12 años pueden conocer el mundo del trabajo jugando a ser presentadores de televisión, pizzeros, barberos, banqueros o policías en situaciones muy realistas. Se les paga en "kidZos", la moneda oficial de KidZania.

5 Museo del Ferrocarril, Omiya

Este museo *(ver p. 113)*, situado en el norte de Tokio, es ideal para los aficionados a los trenes, ya sean niños o adultos. Cuenta con más de 30 vehículos, desde locomotoras de vapor hasta los primeros *shinkansen* (trenes bala). A muchos niños les gustan los simuladores, que les permiten iniciarse como maquinistas.

6 Museo Ghibli

Las animaciones, los paisajes surrealistas, los personajes extravagantes y los mundos fantásticos de Hayao Miyazaki pueden verse en este museo *(ver p. 116)*.

⑦ Museo Nacional de Naturaleza y Ciencia

Una gigantesca ballena da la bienvenida a los visitantes en este museo *(ver p. 87)*, con exposiciones de dinosaurios, botánica, fósiles, asteroides y oceanografía, entre otras.

⑧ Tokyo Disney Resort®

Mickey y sus colegas lo dan todo por los niños (y adultos) en este mundo de fantasía *(ver p. 116)* con castillos, montañas mágicas, mansiones encantadas, aldeas polinesias y barcos de vapor.

⑨ Tokyo Dome City

PLANO E2 ▪ 1-3-61 Koraku, Bunkyo ▪ 5800-9999 ▪ Horario: 9.30-21.00 ▪ Se cobra entrada ▪ www.tokyo-dome.co.jp

Este parque tiene una atracción de caída libre, la Flor del Cielo, pero la estrella es la montaña rusa Delfín Trueno. LaQua, la otra sección del parque, cuenta con varios restaurantes, tiendas y *spas*.

Noria del Tokyo Dome City

⑩ Museo Nacional de Ciencia Emergente e Innovación

Este fascinante museo de Odaiba *(ver p. 35)*, más conocido con el sencillo nombre de Miraikan, dispone de multitud de instalaciones interactivas para entretener y educar tanto a niños como a adultos. En la sección Crea tu Futuro los visitantes pueden interactuar con androides (robots con apariencia humana).

TOP 10: TIENDAS PARA NIÑOS

Kiddy Land tiene cinco plantas

1 Kiddy Land
PLANO S4 ▪ 6-1-9 Jingumae, Shibuya ▪ www.kiddyland.co.jp/harajuku
Tienda llena de personajes de peluche y juegos.

2 Tomica
PLANO N3 ▪ Estación de Tokio, 1-9-1 Marunouchi, Chiyoda ▪ www.takaratomy.co.jp
Especializada en productos de Takara Tomy.

3 Hakuhinkan Toy Park
PLANO M5 ▪ 8-8-11 Ginza, Chuo ▪ www.hakuhinkan.co.jp
Tienda de juguetes y juegos.

4 BorneLund
PLANO S4 ▪ 1-3-12 Jingumae, Shibuya ▪ 5411-8022
Juguetes importados de buena calidad.

5 Yamashiroya Toy Shop
PLANO F2 ▪ 6-14-6 Ueno, Taito ▪ 3831-2320
Seis plantas llenas de juguetes.

6 Animate
PLANO B1 ▪ 1-20-7 Higashiikebukuro, Toshima ▪ www.animate.co.jp
Nueve plantas de manga y anime.

7 Hello Kitty Store
PLANO H2 ▪ Tokyo Skytree Solamachi, 1-1-2 Oshiage, Sumida ▪ 5610-2926
Productos de Hello Kitty y entradas para Sanrio Puroland.

8 Kotobukiya
PLANO G2 ▪ 1-8-8 Sotokanda, Chiyoda ▪ en.kotobukiya.co.jp
Productos de Nintendo, Star Wars, Marvel y mucho más.

9 Pokémon Center Mega Tokyo
Los mejores productos de la serie de anime *Pocket Monsters (ver p. 56)*.

10 Kuramae, Asakusabashi Toy Street
PLANO G3 ▪ Kuramae, Taito
La tradicional calle del Juguete alberga tiendas de mayoristas.

TOP 10 **Cultura popular**

Desfile del 40.º aniversario de Hello Kitty en Sanrio Puroland

1 Sanrio Puroland
PLANO B2 ▪ 1-31 Ochiai, Tama ▪ Horario variable, consultar web ▪ Se cobra entrada ▪ en.puroland.jp

Este parque temático, dedicado a la felina más famosa de Japón, Hello Kitty, ofrece atracciones y espectáculos de música y baile para niños, y la oportunidad de saludar a Kitty y Sanrio.

2 Takeshita-dori
PLANO B5 ▪ Takeshita-dori, Shibuya

La juventud alternativa frecuenta esta calle ruidosa pero divertida, llena de tiendas de ropa fetichista y *kitsch*, complementos cursis y cachivaches de la subcultura.

3 Design Festa Gallery
PLANO R4 ▪ 3-20-18 Jingumae, Shibuya ▪ 3479-1442 ▪ Horario: 11.00-20.00 todos los días ▪ www.designfestagallery.com

El evento bianual Design Festa anima a expresarse libremente. Sus organizadores gestionan esta galería, que ofrece exposiciones temporales todo el año.

4 Pokémon Center Mega Tokyo
PLANO C1 ▪ Sunshine City 2F, 3-1-2 Higashiikebukuro, Toshima ▪ 5927-9290 ▪ Horario: 10.00-20.00 ▪ www.pokemon.co.jp

Esta es la mayor de varias tiendas especializadas en el mundo de Pokémon. Dispone de innumerables disfraces, figuras, juguetes y dulces, así como estatuas de Pokémon.

5 Tokyo Anime Center
PLANO B6 ▪ 1-21-3 Jinnan, Shibuya ▪ 6416-3977 ▪ Horario: 11.00-20.00 ma-do ▪ www.tokyoanimecenter.jp

Este centro, antes situado en Akihabara, está dirigido a los fanáticos del anime y ofrece exposiciones temporales y permanentes que muestran las técnicas de animación.

6 Tokyo Big Sight
PLANO D2 ▪ Tokyo International Exhibition Center, 3-11-1 Ariake, Koto ▪ 5530-1111 ▪ www.bigsight.jp

Este concurrido centro acoge exposiciones y grandes eventos todo el año. Durante la bianual Design Festa (ver p. 70) recibe unos 50.000 visitantes en dos días.

El llamativo Tokyo Big Sight

7 Museo Ghibli

Hay que reservar con antelación para visitar este popular y agradable museo *(ver p. 116)*, donde cobran vida los personajes y paisajes fantásticos de las películas de animación de Hayao Miyazaki y sus colegas del Studio Ghibli.

8 Domingos en el parque

El gusto nipón por la moda se extiende desde el concurrido Harajuku hasta el parque Yoyogi *(ver p. 51)* cada domingo, cuando pueden verse todas las tendencias desde la década de 1950. En el paseo entre el parque y los pabellones olímpicos actúan grupos musicales.

9 Center Gai

PLANO B6 ∎ 12-3 Udagawacho, Shibuya

Esta animada calle peatonal está llena de bares, cafés y restaurantes económicos y de tiendas de discos, teléfonos móviles, ropa y bisutería. Center Gai es el epicentro de la cultura joven nipona, con un público adolescente y de veintitantos.

La concurrida Center Gai

10 Nakano Broadway

PLANO C1 ∎ 5-52-15 Nakano, Nakano ∎ Horario: 12.00-20.00 todos los días (depende de cada tienda)

Este centro de reunión de los aficionados al anime y el manga es una versión más pequeña y menos frenética de la meca de los *otaku*, Akihabara. Se halla a unos pasos de la estación de Nakano y está lleno de tiendas de cómics, videoconsolas y figuras coleccionables.

TOP 10: FENÓMENOS CULTURALES

Atracción de Hello Kitty

1 Hello Kitty
Esta criatura ingenua y adorable, lanzada en 1974, tiene la nariz chata e, inexplicablemente, no tiene boca.

2 'Cosplay'
Este término (en japonés *kosupure*) se refiere a disfrazarse, sobre todo de personajes de manga o anime.

3 Hoteles cápsula
La recientemente demolida Nakagin Capsule Tower, de Kisho Kurokawa, inspiró la idea del hotel cápsula.

4 'Maid cafés'
Mujeres jóvenes con medias blancas, cofia de encaje y delantal sirven respetuosamente té y pasteles.

5 'Purikura'
Estas cabinas hacen fotos digitales que pueden modificarse de mil maneras para crear selfis de estilo manga.

6 'Manga kissa'
Por una taza de café en una *kissa* (cafetería) los aficionados al manga pueden acceder a cientos de cómics.

7 Tribus urbanas
Harajuku y Shibuya se llenan de ciberpunks y lolitas góticas, con maquillaje negro y ropas victorianas.

8 'Otaku'
A los *otaku* (frikis) les apasionan el anime, el manga, los videojuegos y los artículos coleccionables.

9 Hoteles del amor
Hay unos 20.000 *love hotels* para estancias cortas en Tokio, con un amplio catálogo de fantasías.

10 'Pachinko'
El *pinball* japonés se considera vulgar, pero hay salones de juego en muchas calles comerciales.

Top 10 Espectáculos

Representación de *La rosa de Versalles* **en el teatro Takarazuka**

1 Teatro Takarazuka
PLANO M4 ■ 1-1-3 Yurakucho, Chiyoda ■ www.kageki.hankyu.co.jp

Su compañía, fundada en 1914 y formada por mujeres (al contrario que en el kabuki), representa obras sentimentales. *La rosa de Versalles*, con su rico vestuario y sus apuestos héroes, es una de las favoritas. Las sinopsis se traducen al inglés.

2 Teatro Nacional
PLANO D4 ■ 4-1 Hayabusacho, Chiyoda ■ 3265-7411 ■ www.ntj. jac.go.jp

Los dos escenarios de este complejo de las artes escénicas acogen variados montajes tradicionales, como kabuki, *bunraku* (teatro de títeres), música de corte y danza. Dispone de audioguías en inglés.

3 Nuevo Teatro Nacional
PLANO A4 ■ 1-1-1 Honmachi, Shibuya ■ 5351-3011 ■ www.nntt. jac.go.jp

Tres auditorios –Play House, Opera Palace y The Pit– para audiencias diferentes. Los directores nipones hacen excelentes interpretaciones de los clásicos occidentales, aunque el público prefiere artes más visuales, como la danza moderna.

4 Bunkamura Theatre Cocoon
PLANO A6 ■ 2-24-1 Dogenzaka, Shibuya ■ 3477-9111 ■ www. bunkamura.co.jp/english/cocoon/

Este teatro, que forma parte del enorme centro cultural y artístico Bunkamura, ofrece conciertos, musicales, ópera y, dado su tamaño mediano, montajes de danza contemporánea y *ballet*. Es conocido por su vínculo con las compañías de flamenco españolas.

5 Teatro Nacional Noh
PLANO B4 ■ 4-18-1 Sendagaya, Shibuya ■ 3423-1331 ■ www.ntj. jac.go.jp

El *noh*, arte tradicional basado en antiguos relatos de espíritus vengativos y fantasmas errantes, es más parecido a la danza contemporánea que a una obra de teatro. Hay folletos en inglés que indican los argumentos.

Concierto en el Suntory Hall

6 Suntory Hall
PLANO D5 ■ 1-13-1 Akasaka, Minato ■ 3505-1001 ■ www.suntory. com/culture-sports/suntoryhall

Por esta sala de conciertos de música clásica han pasado los mejores músicos japoneses y extranjeros. Se dice que tiene la mejor acústica de Tokio. Una vez al mes, a mediodía, ofrece recitales de órgano gratuitos.

(7) Asakusa Engei Hall
PLANO R2 ■ 1-43-12 Asakusa, Taito ■ 3841-6545

Auditorio dedicado a la narración cómica tradicional. Los cómicos actúan solos con el mínimo atrezo, apenas un abanico. Aunque es sumamente difícil de seguir para los foráneos, vale la pena ver el ambiente.

Función teatral en el Kabuki-za

(8) Teatro Kabuki-za
Este edificio *(ver p. 81)* de estilo neobarroco japonés, reconstruido en 2013, ofrece teatro kabuki. Los dramas completos de tres a cuatro actos pueden durar toda una tarde, hasta la noche. Los billetes para actos sueltos permiten a los neófitos iniciarse en este arte.

(9) Shinbashi Enbujo
PLANO N5 ■ 6-18-2 Ginza, Chuo ■ 3541-2600

Este teatro ofrece dramas de época con argumentos basados en el conflicto entre el amor y el deber. El súper kabuki, un género moderno concebido por el veterano actor Ennosuke Ichikawa, mantiene atento hasta al público extranjero.

(10) Tokyo Dome
PLANO E2 ■ 1-3-61 Koraku, Bunkyo ■ www.tokyo-dome.co.jp

Conocido localmente por su apodo, el Gran Huevo, este estadio es la sede de los Yomiuri Giants, un excelente equipo de béisbol. Asistir a un partido puede ser muy divertido. El estadio también acoge conciertos.

TOP 10: PELÍCULAS EN TOKIO

1 'El perro rabioso' (1949)
Una rara oportunidad de ver cómo eran las calles de Tokio en la posguerra.

2 'Cuentos de Tokio' (1953)
Este clásico de Yasujiro Ozu, ambientado en un barrio obrero, explora el colapso de la familia japonesa.

3 'Godzilla' (1954)
Despertado por una bomba atómica, un gigantesco lagarto sacude Tokio hasta que los científicos lo vencen.

4 'Diario de un ladrón de Shinjuku' (1968)
Nagisa Oshima explora las mentes de los jóvenes radicales japoneses en este audaz filme.

5 '¿Bailamos?' (1996)
La noche tokiota es el telón de fondo de la historia de un asalariado que halla su razón de ser en los bailes de salón.

6 'Lost in Translation' (2003)
Esta comedia dramática de Sofia Coppola capta la confusión cultural de dos estadounidenses en Tokio.

7 'Babel' (2006)
Rinko Kikuchi, nominada al Oscar, encarna a la sordomuda Chieko en la parte japonesa de este filme.

8 'Tokyo sonata' (2008)
¿Cómo reacciona una familia de clase media cuando el padre pierde su empleo y lo mantiene en secreto?

9 'Tokyo Tribe' (2014)
La violencia de la *yakuza* (mafia), las artes marciales y la música hip-hop se mezclan en un vertiginoso filme ambientado en el Tokio del futuro.

10 'Un asunto de familia' (2018)
Esta película, ganadora de la Palma de Oro, es un retrato desgarrador de una familia que vive de los delitos menores.

Escena de *Tokyo Tribe*

⏱10 'Onsen' y 'sento'

① **Toshimaen Niwa no Yu**
PLANO C1 ■ 3-25-1 Koyama, Nerima ■ Horario: 10.00-23.00 todos los días ■ Se cobra entrada ■ www.seibu-leisure.co.jp/niwanoyu

Situado en un jardín tradicional cercano al parque de atracciones de Toshimaen, este balneario tiene piscinas de aguas ricas en minerales cubiertas y al aire libre, *jacuzzis* y sauna finlandesa. Hay hasta bar para tomar un cóctel entre baño y baño.

② **Komparu-yu**
PLANO M5 ■ 8-7-5 Ginza, Chuo ■ 3571-5469 ■ Horario: 14.00-22.00 lu-vi, 14.00-20.00 sá ■ Se cobra entrada

Esta *sento* (casa de baños pública), en actividad desde 1863, es muy retro. Las paredes alicatadas lucen bonitos murales con motivos como carpas, flores y el monte Fuji. El local dispone de dos grandes bañeras y, dependiendo de la estación, se esparcen sobre ellas iris, azahar, lavanda y otras flores aromáticas.

③ **Tomei Onsen Sakura**
PLANO C1 ■ 5-4-24 Komagome, Toshima ■ Horario: 10.00-23.00 todos los días ■ Se cobra entrada ■ www.sakura-2005.com

Este *onsen,* situado en la tranquila zona de Komagome, dispone de baños de aguas termales (cubiertos y al aire libre) separados para mujeres y hombres. También tiene un restaurante, una sauna de piedras calientes, un salón de belleza y una sala de relajación. No impone restricciones por los tatuajes.

④ **Take no Yu**
PLANO D6 ■ 1-15-12 Minamiazabu, Minato ■ 3453-1446 ■ Horario: 15.30-23.30 ma-ju, sá y do ■ Se cobra entrada

Este balneario, fundado en 1913, recibió un necesario lavado de cara a principios de este siglo. Es conocido por el color casi negro de sus aguas, debido a las cenizas volcánicas y la turba. Se encuentra cerca de Roppongi, por lo que es el *onsen* con más fácil acceso desde Tokio.

⑤ **Hakone**
Uno de los destinos más populares para hacer excursiones desde Tokio es Hakone *(ver p. 114)*, conocido por los balnearios que hay en sus colinas y valles, y a orillas del lago Ashi. En el pueblo hay muchos *ryokan* (alojamientos tradicionales) ideales para pasar una noche. Todos disponen de baños termales, algunos comunes y otros –por un coste superior– privados.

Valle volcánico de Owakudani, en Hakone

⑥ Shimizu-yu
PLANO C6 ▪ 3-12-3
Minamiaoyama, Minato ▪ 3401-4404
▪ Horario: 12.00-24.00 lu-ju, 12.00-
23.00 sá y do ▪ Se cobra entrada

Esta sencilla *sento* está en una de
las zonas más de moda de Tokio,
a unas calles de las tiendas de lujo de
Omotesando. Tiene baños de agua carbo-
natada concentrada que garantizan una
experiencia relajante y dispone de jabón,
champú y toallas para sus clientes.

⑦ Spa LaQua
**PLANO E1 ▪ Tokyo Dome City,
1-1-1 Kasuga, Bunkyo ▪ Horario:
11.00-21.00 todos los días ▪ Se cobra
entrada ▪ www.laqua.jp**

Este sofisticado complejo balneario cercano al Tokyo Dome tiene baños cubiertos y al aire libre, saunas y restaurantes.
No se permite la entrada a niños menores de 5 años y los menores de 17 solo
pueden permanecer hasta las 18.00.

⑧ Kamata Onsen
PLANO B2 ▪ 2-23-2
Kamatahoncho, Ota ▪ 3732-1126
▪ Horario: 10.00-24.30 todos los días
▪ Se cobra entrada

No hay lujos en esta anticuada *sento*,
pero dispone de un entorno limpio y
tranquilo, perfecto para relajarse.
Tiene baños variados y llenos de
kuro-yu (agua negra) del lecho marino de la bahía de Tokio.

⑨ Maenohara Onsen
**PLANO C1 ▪ 3-41-1 Maenocho,
Itabashi ▪ Horario: 9.00-24.00 todos
los días ▪ Se cobra entrada ▪ www.
sayanoyudokoro.co.jp**

Este *onsen* un tanto retirado en
Itabashi (a unos 30 minutos de Shinjuku)
tiene 14 baños de aguas termales naturales. Se halla en un frondoso entorno y
los baños exteriores son especialmente
reconfortantes, ideales para tomarse un
respiro del ajetreo urbano.

⑩ Kawaguchi-ko
El lago Kawaguchi *(ver p. 114)*
es perfecto para hacer una excursión
desde Tokio. Los *ryokan* ribereños
permiten gozar de relajantes baños
con vistas al monte Fuji.

**TOP 10: NORMAS Y ETIQUETA
EN LOS BAÑOS**

Una *sento* con duchas comunes

1 Conocer la diferencia
El agua de los *onsen* procede de
fuentes termales, mientras que la de
las *sento* es del grifo.

2 Artículos de aseo
Los *onsen* suelen proporcionar toallas,
jabón y champú a sus clientes. A las
sento hay que llevar artículos de aseo
propios.

3 Desnudarse
En casi todas las casas de baños,
incluso en las que tienen zonas mixtas,
hay que desnudarse por completo.

4 Vergüenza
Se puede usar la toalla para taparse, pero
solo mientras se está fuera del agua.

5 Lavarse antes
La regla de oro en las casas de baños:
lavarse y aclararse bien antes de entrar
a los baños.

6 No chapotear
En los baños reina la paz. No está
permitido chapotear, nadar ni hablar
en voz alta.

7 Ojo con la temperatura
En algunos baños el agua está muy
caliente. Conviene hacer pausas y
utilizar del enfriador de agua.

8 Nada de sake
No se puede beber ni comer en los
baños, ni bañarse bajo la influencia del
alcohol.

9 Tatuajes
Algunos baños no dejan entrar a
personas tatuadas, una norma anticuada
para disuadir a los miembros de la
yakuza (mafia).

10 Fotos no
No está permitido tomar fotos ni
grabar vídeos en los baños.

TOP10 Restaurantes

Mesas bajas y tatamis en el restaurante Asakusa Imahan

1 Asakusa Imahan

Este pionero de la carne de vaca abrió su primer restaurante *(ver p. 91)* en 1895. Una de sus especialidades es el *shabu-shabu*, lonchas de vacuno de primera cocidas en olla ante los comensales y servidas con verduras de temporada. Se come en mesas bajas y tatamis.

2 Bird Land

Este asador con estrellas Michelin *(ver p. 85)* es conocido por su excelente *yakitori*, una brocheta de pollo a la brasa mojada con una salsa de soja ligeramente dulce. Los comensales aprecian el corte del pollo, que se parece más al ligero kebab chino que a las variedades turcas y centroasiáticas. El sake y la carta de vinos son de primera.

Sofisticado interior del Bird Land

3 Kappo Yoshiba

Este restaurante *(ver p. 91)* ocupa un antiguo gimnasio de sumo y conserva su *dohyo*. Sirve *chanko-nabe*, un sano pero calorífico estofado de verduras, pollo y pescado, dieta básica de los luchadores.

4 Kanda Yabu Soba

Este venerable restaurante *(ver p. 79)*, ubicado en un viejo edificio de madera, sirve *soba* (fideos de trigo sarraceno) clásicos del periodo Edo acompañados de verduras y encurtidos. Dada su popularidad se llena al mediodía y los fines de semana, así que conviene reservar con antelación.

5 Den

El restaurante del chef Zaiyu Hasegawa *(ver p. 105)* siempre está en las listas de los mejores gracias a su creativa cocina japonesa contemporánea. La carta es simple, ya que solo incluye *omakase* (sugerencias del chef), de modo que no se puede comer lo mismo dos días distintos.

6 Maru

Este estiloso establecimiento *(ver p. 85)* tiene una larga mesa frente a la cocina abierta. Es un buen lugar para comer al estilo *kaiseki* sin arruinarse. El menú de almuerzo tiene muy buen precio.

7 Kyubey
Este restaurante *(ver p. 85)* de Ginza sublima el *sushi*, por lo que no sorprende que tenga sucursales en varios hoteles de lujo. Este *sushi* de calidad superior y exquisitamente preparado es caro, pero hay platos más asequibles a la hora del almuerzo.

8 RyuGin
Aunque se ha trasladado de Roppongi al moderno complejo Tokyo Midtown Hibiya, RyuGin *(ver p. 85)* sigue sirviendo el *kaiseki* más innovador de la ciudad. La atención al detalle de su propietario y chef, Seiji Yamamoto, ha dado al restaurante tres estrellas Michelin. Los platos cambian cada día, dependiendo de los productos de temporada.

9 Gonpachi
A quien haya visto *Kill Bill* puede que este *izakaya (ver p. 99)* le resulte familiar: aquí se rodó la famosa lucha entre la Novia y Gogo Yubari. El local es conocido por sus deliciosas *sumiyaki*

(brochetas de carne, marisco y verduras a la brasa), pero la carta incluye tempura, fideos *soba* y otros platos que maridan con el sake.

10 Maisen
La popular cadena Maisen *(ver p. 105)* es famosa por sus deliciosas *tonkatsu*, chuletas de cerdo fritas servidas con su propia marca de salsa, arroz, una cama de col picada y sopa de miso. Entre los mariscos destacan los langostinos fritos y las ostras con unas gotas de limón. La sucursal de Aoyama, ubicada en una antigua casa de baños reformada, es quizás el restaurante más pintoresco de la cadena.

Comensales cenando en el concurrido Maisen de Aoyama

TOP 10 Cafés y bares

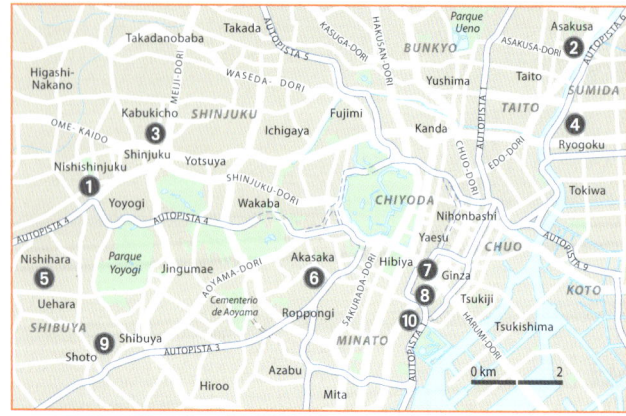

① New York Bar
PLANO T3 ■ 3-7-1-2 Nishishinjuku, Shinjuku ■ 5323-3458 ■ Horario: 17.00-23.00 do-mi, 17.00-24.00 ju-sá ■ restaurants.tokyo.park.hyatt.co.jp

Este sofisticado bar del hotel Park Hyatt tiene un destacado papel en el filme *Lost in Translation*. A partir de las 18.30 se cobra el cubierto y todas las noches hay jazz en directo.

El New York Bar, en el hotel Park Hyatt

② Kamiya Bar
PLANO R3 ■ 1-1-1 Asakusa, Taito ■ 3841-5400 ■ Horario: 11.30-22.00 mi-lu

El bar de estilo occidental más antiguo de la ciudad es toda una institución. Lo montó en 1880 Kamiya Denbei, que también construyó la primera destilería de brandi de Japón. Lo frecuentaban escritores y artistas, y todavía sirve su distintivo *denki-bran*, un cóctel de coñac, ginebra y vino.

③ Golden Gai
Este bullicioso barrio (ver p. 107), lleno de pequeños bares ubicados en edificios de madera de dos plantas, da de beber a Shinjuku desde el final de la Segunda Guerra Mundial. Algunos bares son temáticos y no todos son hospitalarios con los turistas, pero el lugar merece una visita.

④ Popeye
PLANO G3 ■ 2-18-7 Ryogoku, Sumida ■ 3633-2120 ■ Horario: 11.00-14.30 y 15.00-23.30 todos los días

Este agradable bar, situado a poca distancia a pie del famoso Estadio Nacional de Sumo, hace lo posible por calmar la insaciable sed de Tokio con unas 70 cervezas artesanales de barril y la mejor selección de cervezas niponas de la ciudad.

⑤ Sasagin
PLANO A5 ■ 1-32-15 Uehara, Shibuya ■ 5454-3715 ■ Horario: 17.00-21.00 lu-sá

Buen lugar para probar diferentes tipos de sake. Los sabores van desde el dulce meloso hasta el acerbo seco, muy bien valorado. Los mejores sakes, como el divino *dai-ginjo*, se sirven muy fríos.

6 **Pink Cow**

Este animado bar con galería de arte *(ver p. 98)*, de propietario estadounidense, es popular entre los expatriados. Tiene un excelente surtido de cócteles, pero la especialidad son las bebidas con infusión de cannabidiol. No es mal sitio para cenar platos californianos y mexicanos a buen precio. Muchas noches hay monólogos cómicos y música en directo.

7 **Cha Ginza**

PLANO M4 ▪ 5-5-6 Ginza, Chuo ▪ 3571-1211 ▪ Horario: 11.00-18.00 má-sá

La versión corta de la ceremonia del té de este local consiste en batir la cremosa bebida hasta hacer espuma y servirla con dulces japoneses. En la segunda planta se sirve *sencha* (té verde sin triturar).

8 **Café de l'Ambre**

PLANO M5 ▪ 8-10-15 Ginza, Chuo ▪ 3571-1551 ▪ Horario: 12.00-20.00 lu-sá, 12.00-19.00 do

Este es uno de los cafés más longevos de Tokio, en actividad desde 1948. El cliente puede elegir entre 30 mezclas, incluidas algunas variedades envejecidas. El ambiente retro de esta cafetería es irresistible y hace que la visita sea inolvidable.

Grifos de cerveza de Goodbeer Faucets

9 **Goodbeer Faucets**

PLANO A6 ▪ Cruce del edificio 2F, 1-29-1 Shoto, Shibuya ▪ 3770-5544 ▪ Horario: 16.00-24.00 lu-vi, 12.00-24.00 sá, 12.00-23.00 do ▪ shibuya.goodbeerfaucets.jp

Las cervecerías artesanales han florecido en Japón en los últimos años. Este céntrico establecimiento ofrece más de 40 cervezas artesanales de barril en un entorno estiloso y sofisticado. La comida también está por encima de la media.

10 **TwentyEight**

PLANO M6 ▪ Conrad Tokyo, 1-9-1 Higashishinbashi, Minato ▪ 6388-8745 ▪ Horario: 8.00-22.00 todos los días

Este estiloso bar, situado en la planta 28.ª del hotel Conrad Tokyo, ofrece cócteles estelares, tentempiés soberbios y suave música de piano. Con sus luces tenues y sus ventanas del suelo al techo, que brindan espectaculares vistas de la bahía de Tokio, es uno de los sitios más bonitos de la ciudad.

Barista en el Café de L'Ambre

🔟 Tiendas, mercados y calles comerciales

Mitsukoshi, en Nihonbashi

1 Mitsukoshi

Esta es la sede principal *(ver p. 18)* de los grandes almacenes más antiguos de Japón, fundados en 1673 por Takatoshi Mitsui, comerciante de telas de kimono. La estación de Mitsukoshimae lleva su nombre. Aparte de los muchos artículos que ofrece, vale la pena ver su decoración interior, que incluye una enorme estatua de la diosa de la sinceridad. Esta institución insiste mucho en la tradición y cuenta con cientos de empleados uniformados y muy respetuosos con los clientes.

2 Mercado de pescado de Toyosu

PLANO H6 ▪ 6-6-1 Toyosu, Koto ▪ www.toyosu-market.or.jp

El Mercado Mayorista Central Metropolitano de Tokio, más conocido como mercado de pescado de Tsukiji, se ha mudado a esta moderna sede en Toyosu. Aquí tienen lugar cada mañana las famosas subastas de atún.

3 Mercado de Tsukiji

Aunque el mercado de pescado *(ver p. 82)* se ha trasladado, quedan cientos de puestos en el mercado de Tsukiji, el mejor sitio para comprar comida en el centro de Tokio. Hay mucho que ver y probar entre sus intrincadas calles, así que conviene coger un mapa en el centro de información (Plat Tsukiji).

4 Naka-dori

PLANO F4 ▪ 1-chome to 3-chome Marunouchi, Chiyoda

Esta calle arbolada y pavimentada es la principal arteria comercial de Maranouchi, con muchas *boutiques* de moda internacional y local, además de algunas estatuas contemporáneas. Los árboles se iluminan con miles de bombillas LED cada invierno.

5 Takeshita-dori

Esta estrecha calle de Harajuku *(ver p. 102)* es ideal para observar a la gente y sus tendencias, pero es mejor evitarla si no gustan las multitudes. Las tiendas están muy orientadas a las modas adolescentes, de ahí que se llenen.

6 Ginza Six

PLANO M6 ▪ 6-10-1 Ginza, Chuo ▪ **Tiendas: 10.30-20.30 todos los días; restaurantes: 11.00-23.00 todos los días** ▪ www.ginza6.tokyo

Este lujoso complejo de Ginza, repartido en seis plantas, alberga tiendas de primeras marcas de moda, como Vivienne Westwood, Saint Laurent, Jimmy Choo y Fendi. También tiene instalaciones artísticas contemporáneas, restaurantes, delicatesen y hasta un teatro *noh*.

Lujoso interior de Ginza Six

Mercado de Ameyoko
PLANO F2 ▪ 4-chome
▪ **Estación de Ueno**

Este mercado de la posguerra donde se vendían dulces hechos con patata se ha convertido en una calle con unos 500 puestos y pequeñas tiendas bajo las vías del ferrocarril JR. Ideal para comprar productos frescos, sobre todo pescado.

⑧ Yanaka Ginza
Esta calle comercial *(ver p. 32)* es pequeña, pero alberga unos 70 negocios independientes. Tiene su origen en el periodo de posguerra y ofrece una excepcional inmersión en el comercio tradicional. Las esculturas de gatos en los edificios son un guiño a los que vagabundean por la zona.

Cestería en Yanaka Ginza

mAAch ecute
PLANO F3 ▪ 1-25-4
Kandasudacho, Chiyoda ▪ Horario: 11.00-20.00 todos los días ▪ www. ecute.jp/maach

La desmantelada estación de Manseibashi y los arcos bajo las vías se han transformado en un estiloso complejo comercial y gastronómico que ofrece elegantes artículos del hogar y comida artesanal de todo Japón.

Coredo Muromachi
Este estiloso complejo *(ver p. 18)*, repartido en tres edificios, alberga *boutiques* de moda e interiorismo, delicatesen tradicionales, tiendas de dulces, bares y restaurantes. En Coredo Muromachi 3 se encuentra la moda y el diseño contemporáneo japonés y los productos *gourmet*.

TOP 10: TIENDAS DE ARTESANÍA

Itoya, emporio de la papelería

1 Itoya
PLANO N5 ▪ 2-7-15 Ginza, Chuo ▪ 3561-8311 ▪ www.ito-ya.co.jp
Nueve plantas dedicadas a la papelería.

2 Bingo-ya
PLANO C1 ▪ 10–6 Wakamatsucho, Shinjuku ▪ www.bingoya.tokyo
Artesanía y arte popular local.

3 Tokyu Hands
PLANO R5 ▪ 12-18 Udagawacho, Shibuya ▪ www.tokyu-hands.co.jp
Bricolaje, artesanía y herramientas.

4 Takumi
PLANO M5 ▪ 8-4-2 Ginza, Chuo ▪ 3571-2017 ▪ Cerrado: viernes
Artesanía popular, cerámica y juguetes.

5 Japan Traditional Crafts Aoyama Square
PLANO C5 ▪ 8-1-22 Akasaka, Minato ▪ kougeihin.jp
Artesanía tradicional japonesa.

6 Blue & White
PLANO J6 ▪ 2-9-2 Azabu-Juban, Minato ▪ www.blueandwhitejapan.com
Artículos teñidos de azul índigo.

7 Hara Shobo
PLANO E3 ▪ 2-3-3 Kandajinbocho, Chiyoda ▪ www.harashobo.com
Xilografías *ukiyo-e* y libros ilustrados.

8 Sagemonoya
PLANO C3 ▪ Edificio Palais Eternal, 704, 4-28-20 Yotsuya, Shinjuku ▪ www.netsuke.com
Cajitas tradicionales para la pipa o el tabaco y figuritas de madera.

9 Oriental Bazaar
PLANO S4 ▪ 5-9-13 Jingumae, Shibuya ▪ orientalbazaar.co.jp
Regalos y recuerdos en Omotesando.

10 2k540 Aki-Oka Artisan
PLANO C3 ▪ 5-9 Ueno, Taito ▪ www.jrtk.jp/2k540
Animado mercado de artesanía tradicional y contemporánea.

⑩ Tokio gratis

① Santuarios y templos

En los lugares religiosos rara vez se cobra entrada y en la ciudad hay miles de templos y santuarios. Los de mayor interés arquitectónico son el Senso-ji *(ver pp. 14-15)* y el Meiji Jingu *(ver pp. 30-31)*.

Contraste arquitectónico en Tokio

② Arquitectura

Pocas ciudades son tan audaces en lo que se refiere a arquitectura como Tokio. Es un placer contemplar lo antiguo y lo nuevo, contrastar edificios como la estación de Tokio *(ver p. 41)* con construcciones modernas como el edificio Prada Aoyama *(ver p. 49)*.

③ Arte público

Roppongi Hills *(ver p. 94)* y Tokyo Midtown *(ver p. 95)* albergan interesantes esculturas y obras de arte. En Shinjuku *(ver pp. 106-109)* vale la pena ver las obras que rodean el Shinjuku I-Land.

④ Museos

Museo de la Cerveza Yebisu: PLANO C2 ▪ 4-20-1 Ebisu, Shibuya ▪ 5423-7255; 11.00-19.00 ma-do ▪ www.sapporobeer.jp/english/brewery/ y_museum
Museo de Parasitología de Meguro: PLANO C2 ▪ 4-1-1 Shimomeguro, Meguro ▪ 3716-1264; 10.00-17.00 mi-do ▪ www.kiseichu.org

La entrada es gratuita (las catas se cobran) en el Museo de Cerveza Yebisu, que relata la historia de esta famosa cerveza nipona, y en el peculiar Museo de Parasitología de Meguro, lleno de botes con parásitos que revuelven el estómago, como la mayor tenia del mundo.

⑤ Miradores

Hay pocos lugares mejores para contemplar la ciudad que el mirador de la sede del Gobierno Metropolitano de Tokio *(ver p. 48)*. Las vistas desde las plantas superiores del Shibuya Hikarie *(ver p. 103)* son igual de asombrosas.

⑥ Parque Yoyogi

Este parque *(ver p. 51)*, epicentro de los Juegos Olímpicos de 1964, se ha convertido en uno de los

El tranquilo parque Yoyogi

más queridos de Tokio. Está muy animado los domingos, cuando los grupos musicales y los bailarines de rockabilly se mezclan con otras tribus urbanas cerca de la entrada del Meiji Jingu.

7 Origami Kaikan

PLANO F2 ■ 1-7-14 Yushima, Bunkyo ■ 3811-4025 ■ Horario: 9.30-16.30 lu-sá ■ www. origamikaikan.co.jp

Para conocer el arte de la papiroflexia hay que ir al Origami Kaikan, que organiza muestras gratuitas y talleres donde se puede ver a los artesanos creando arte en papel.

Vista aérea del cruce de Shibuya

8 Cruce de Shibuya

La estatua y el mural de Hachiko, el perro más famoso de Tokio, se pierden entre la multitud en torno a la estación de Shibuya. El cruce, popularmente conocido como Barullo de Shibuya *(ver p. 103)*, uno de los símbolos de Tokio, está rodeado de gigantescas pantallas y luces de neón.

9 Rutas a pie

El municipio organiza 13 rutas guiadas gratuitas desde la sede del Gobierno Metropolitano de Tokio *(ver p. 109)*. Los itinerarios incluyen una ceremonia del té y una excursión a un parque natural en las afueras. Más información en la web www. gotokyo.org/.

10 Galerías de Ginza

En Ginza reinan las tiendas sofisticadas, pero no hay que pagar por disfrutar de las exposiciones de muchas galerías de arte de la zona.

TOP 10: CONSEJOS PARA AHORRAR

Jardines Orientales del Palacio Imperial

1 De jardín en jardín
Entrar a los jardines *(ver p. 50)* rara vez cuesta más de 200 yenes y en el Palacio Imperial *(ver p. 12)* no se cobra entrada.

2 Hoteles con descuentos
Conviene optar por cadenas hoteleras como Toyoko Inn *(www.toyoko-inn. com)* o Japanese Inn Group *(www. japaneseinngroup.com)*.

3 Transportes públicos
Las tarjetas de prepago Suica y Pasmo valen para los autobuses, trenes y metro de la ciudad.

4 Menú de mediodía
Muchos restaurantes ofrecen menús de almuerzo por 1.000 yenes o menos.

5 Mercadillos
En los mercadillos de los santuarios Nogi *(ver p. 95)* y Yasukuni *(ver p. 42)* hay ofertas.

6 Hora feliz
Muchos bares tienen *happy hour* de 17.00 a 19.00.

7 Tarjeta de descuento
La Grutto Pass *(www.rekibun.or.jp/ grutto)* incluye descuentos en las entradas de unos 100 museos y lugares de interés.

8 Recuerdos
En las tiendas de todo a 100 yenes, como las de la cadena Daiso, hay palillos y otros *souvenirs*.

9 Wifi
La *app* Japan Wi-Fi Auto-Connect *(www. ntt-bp.net/jw-auto/en/index.html)* proporciona wifi gratuito en todo Tokio.

10 Información
Tokyo Cheapo *(www.tokyocheapo.com)* ofrece multitud de ideas para aprovechar los yenes.

⁋🔟 Festivales y acontecimientos

Celebración del Año Nuevo

 Día de Año Nuevo
1 de enero

Millones de japoneses reciben el nuevo año visitando santuarios sintoístas y templos budistas a principios de enero. Los lugares más populares son el santuario Meiji Jingu *(ver pp. 30-31)* y el templo Senso-ji *(ver pp. 14-15)*, donde suenan las campanas por el año que empieza.

 Día de la mayoría de edad
PLANO B5 ▪ 1-1 Kamizonocho, Yoyogi, Shibuya ▪ 3379-5511 ▪ 2.º lunes de enero

La edad de consentimiento en Japón son los 20 años, lo cual se celebra con ceremonias en los santuarios. Uno de los más populares es el Meiji Jingu *(ver pp. 30-31)* donde tiene lugar una muestra de tiro con arco para señalar el evento.

③ Ritos de purificación
PLANO F3 ▪ Santuario Kanda Myojin ▪ Mediados de enero

En varios santuarios se celebran ritos de purificación en invierno. Con motivo del *kanchu-misogi* muchos hombres y mujeres entran en estanques llenos de bloques de hielo y se mojan con cubos de agua gélida.

 **Maratón de Tokio**
PLANO A4 ▪ Febrero

Los japoneses se enorgullecen de sus corredores de maratón, en especial de las mujeres, que han ganado medallas olímpicas. Participar es un asunto serio, con estrictos requisitos de admisión. La carrera empieza en la sede del Gobierno Metropolitano de Tokio.

 **Tiro con arco**
PLANO S2 ▪ Parque del Sumida, Taito-ku ▪ Mediados de abril

El *yabusame* o tiro con arco a caballo era una de las artes marciales de los samuráis que se sigue practicando en el parque del Sumida. Los jinetes, vestidos de época, deben hacer tres dianas en rápida sucesión.

⑥ Design Festa
Mayo/noviembre

Este evento bianual, el mayor festival de arte de Asia, acoge a 7.000 artistas, músicos e intérpretes de cualquier disciplina concebible, tanto nipones como extranjeros. Incluye desfiles de moda y exhibiciones de *cosplay*. El festival dura dos días, tiene lugar en el Tokyo Big Sight *(ver p. 56)* y atrae a unos 50.000 visitantes.

Exposición en la Design Festa

⑦ Sanja Matsuri
PLANO R2 ▪ Templo Senso-ji, 2-3-1 Asakusa, Taito ▪ www.senso-ji.jp ▪ 3.ᵉʳ fin de semana de mayo

Esta gran festividad honra a los dos hermanos que hallaron una figura de Kannon, *bodhisattva* de la misericordia, en sus redes de pesca *(ver p. 15)*. Sus espíritus y los de las deidades del Senso-ji recorren las calles en santuarios portátiles.

(8) Kanda Matsuri
PLANO F3 ▪ Santuario Kanda Myojin, Sotokanda, Chiyoda ▪ www.kandamyoujin.or.jp ▪ Med may

Esta es una de las tres grandes fiestas de Tokio. Se celebra en años impares e incluye música y danza, aunque el plato fuerte es el desfile en atuendos del periodo Heian, con una procesión de carrozas y *mikoshi* (santuarios portátiles).

Desfile del Kanda Matsuri

(9) Fuegos artificiales
Último sábado de julio

Alrededor de un millón de tokiotas se concentran a orillas del río Sumida, cerca de Asakusa, para ver los 20.000 fuegos artificiales que iluminan el cielo. Los mejores sitios son el puente de Komagata y entre los puentes de Shirahige y Kototoi *(ver pp. 16-17)*.

(10) Shichi-Go-San
15 de noviembre

Los niños y niñas de tres, cinco y siete años se visten con kimonos tradicionales y visitan los templos para rezar por su bienestar en esta encantadora festividad. Estas edades se consideraban metas cuando la mortalidad infantil era alta. La fiesta es una buena ocasión para hacer fotografías.

Niñas con kimonos en el Shichi-Go-San

TOP 10: EVENTOS DE FLORES Y PLANTAS

Ciruelo en plena floración

1 Floración de los ciruelos
PLANO F2 ▪ Fin ene-prin mar
Los tokiotas acuden al santuario Yushima Tenjin.

2 Floración de los cerezos
Fin mar-med abr
Pícnics multitudinarios bajo las flores rosas en parques y jardines.

3 Festival de la Azalea
PLANO E1, L2 y M2 ▪ 10 abr-15 may ▪ Se cobra entrada
En el santuario Nezu y los Jardines Orientales del Palacio Imperial.

4 Muestras de peonías
PLANO F2 ▪ Med abr
Peonías rosas, rojas y amarillas en el santuario Tosho-gu (parque Ueno).

5 Floración de los iris
PLANO B5 & D1 ▪ Prin-med jun
En los preciosos jardines del santuario Meiji y Horikiri.

6 Feria de la Campanilla
PLANO C1 ▪ 6-8 jul
Los cultivadores venden campanillas en el recinto del templo Kishimojin.

7 Feria de la Linterna China
PLANO R1 ▪ www.senso-ji.jp ▪ 9-10 jul
Popular feria en el templo Senso-ji.

8 Floración de los lotos
PLANO F2 ▪ Med jul-ago
Los lotos rosas adornan el estanque de Shinobazu (parque Ueno).

9 Festival del Crisantemo
PLANO B4 y C4 ▪ Fin oct-med nov
Exposición de crisantemos en el jardín Shinjuku Gyoen.

10 Caída de las hojas
Fin nov
Las hojas rojizas de los arces caen y los ginkgos amarillean en los parques y jardines del periodo Edo.

Recorridos
por Tokio

**Paisaje urbano de Shinjuku, con sus
llamativos anuncios de neón**

Centro de Tokio

La ciudad histórica y el castillo de Edo, con sus fosos, murallas de piedra y puentes, definían la estructura del poder imperial: los comerciantes al este y los samuráis y los señores al sur y al oeste. En cierto sentido, esa estructura se ha mantenido visiblemente intacta, con el Palacio Imperial (en el lugar del antiguo castillo de Edo) en el centro; la Dieta Nacional (el Parlamento), los tribunales y las jefaturas de policía al sur, y el centro financiero al este. La zona se ha transformado por los incendios, los terremotos, los bombardeos aéreos y los promotores, pero el perfil del núcleo urbano sigue intacto. El centro de Tokio también se ha convertido en un animado destino turístico, con atractivos culturales y comerciales casi en cada esquina.

Farola del ornamentado puente de Nihonbashi

CENTRO DE TOKIO

1 **Imprescindible**
ver pp. 75-77

1 **Dónde comer**
ver p. 79

1 **Compras**
ver p. 78

Jardines Orientales del Palacio Imperial, con el pabellón de té

① Recinto del Palacio Imperial

Este extenso espacio *(ver pp. 12-13)* ofrece un respiro del frenético ritmo de vida urbana y alberga algunos de los emblemas de Tokio, como el puente Nijubashi. Vale la pena visitarlo solo por ver los Jardines Orientales del Palacio, en especial el estanque con la cascada, el farol de piedra, el puente, el pabellón de té y la playa de guijarros. Los ciruelos, los cerezos y las azaleas llenan los jardines de colores en primavera; los iris y los lirios, en verano; y los tréboles japoneses, las camelias y los arces, en otoño.

② Banco de Japón
PLANO N2 ■ 2-1-1 Nihonbashihongokucho, Chuo ■ 3279-1111 ■ Visita guiada en inglés: 15.15-16.15 cada dos jueves ■ www. boj.or.jp

Este edificio se construyó en el lugar que ocupaba la casa de la moneda del sogunato. Lo creó en 1896 Tatsuno Kingo, que luego diseñó la estación de Tokio. Se divide en dos secciones: el edificio nuevo, donde se llevan a cabo las transacciones financieras, y el antiguo, que alberga algunas oficinas pero es más bien un monumento arquitectónico. Se trata del primer edificio de estilo occidental diseñado por un arquitecto nipón.

③ Museo Nacional de Arte Moderno (MOMAT)
PLANO L1 ■ 3-1 Kitanomarukoen, Chiyoda ■ 5777-8600 ■ Horario: 10.00-17.00 ma-ju y do, 10.00-20.00 vi y sá ■ Se cobra entrada ■ www. momat.go.jp

Vale la pena ver las exposiciones basadas en la excelente colección de este museo, con unas 9.000 obras de destacados artistas japoneses del pasado y el presente, así como algunas obras europeas importantes. La variedad del arte expuesto es impresionante e incluye biombos dorados, xilografías y llamativos vídeos.

Museo Nacional de Arte Moderno

La estación de Tokio, de ladrillo rojo

4 Estación de Tokio
PLANO N3 ▪ 1 Marunouchi, Chiyoda

Este edificio de ladrillo rojo de 1914, diseñado por Tatsuno Kingo, pasó por una restauración que le devolvió sus cúpulas gemelas. Es de estilo reina Ana y se cree que está inspirado en la estación Central de Ámsterdam. El lateral sur está ocupado por un hotel y en la parte norte está la pequeña pero interesante galería de la estación de Tokio, que ofrece exposiciones temporales.

EL CASTILLO DE EDO

Al concluir las sucesivas ampliaciones, en 1640, el castillo de Edo era la mayor ciudadela del mundo, con 30 puentes, 28 arsenales, 21 atalayas y 110 puertas. Para la muralla se embarcaron enormes bloques de piedra desde la península de Izu. Hicieron falta más de 100 hombres para descargarlos. Las piedras han sobrevivido; el castillo de madera, no.

---

5 Marunouchi
PLANO M2

Entre la vieja fachada de la estación de Tokio y el tranquilo recinto del Palacio Imperial *(ver pp. 12-13)*, los rascacielos de Marunouchi nos recuerdan que Tokio es una ciudad vertiginosa y ultramoderna. La zona alberga oficinas, centros comerciales como Kitte y Oazo *(ver p. 78)*, museos, *boutiques* y excelentes restaurantes y cafés. De finales de otoño a mediados de febrero sus calles se decoran con guirnaldas luminosas y esculturas, y Marunouchi se convierte en una de las zonas más festivas de la capital.

6 Museo de la Moneda
Este museo, propiedad del Banco de Japón, posee una increíble variedad de monedas antiguas y actuales, así como objetos relacionados con el dinero de todo el mundo.

7 Intermediatheque
PLANO M3 ▪ 2-7-2 Marunouchi, Chiyoda ▪ 5777-8600 ▪ Horario: 11.00-18.00 ma-ju y do, 11.00-20.00 vi y sá ▪ www.inter-mediatheque.jp

Este es uno de los museos más eclécticos e interesantes de Tokio. Muestra objetos de la colección de la Universidad de Tokio, desde esqueletos de dinosaurio hasta arte contemporáneo.

8 Puente de Nihonbashi
PLANO P2 ▪ Nihonbashi, Chuo

Este puente *(ver p. 18)* ocupa un lugar especial en la historia de Tokio, de ahí que figure en muchos grabados *ukiyo-e*. La estructura actual, que data de 1911, está decorada con estatuas de animales simbólicamente poderosos, como leones y dragones. Antes de los Juegos Olímpicos de 1964 se llenaron los canales y se construyó una compleja red de autopistas elevadas. Las distancias en Japón se siguen midiendo desde el poste de bronce del puente, llamado Kilómetro Cero.

Puente de Nihonbashi

Cometas del Museo de la Cometa

⑨ Museo de la Cometa

PLANO G4 ■ 1-8-3 Nihonbashi-muromachi, Chuo ■ 3275-2704 ■ Horario 11.00-17.00 lu-sá ■ Se cobra entrada ■ www.taimeiken.co.jp/museum.html

Este pequeño museo, situado sobre un restaurante, muestra 400 cometas de Japón y China reunidas por el primer propietario del local. Los ejemplares nipones están decorados con figuras reales y mitológicas, animales y paisajes naturales. Las varillas son de bambú y las velas son de *washi*, un papel muy resistente hecho con un tipo de morera. Los contornos de los dibujos se hacían con tinta china para evitar que se corrieran los pigmentos.

⑩ Museo Conmemorativo Mitsui

Este elegante museo *(ver p. 18)*, situado en el grandioso edificio Mitsui, de principios del siglo XX, muestra tesoros artísticos japoneses y asiáticos reunidos por sucesivas generaciones de la familia Mitsui. Entre los bellos y valiosos objetos expuestos (más de 4.000) hay una reconstrucción del interior de la célebre casa de té Jo-an de Inuyama. También destacan las obras de caligrafía, las máscaras de teatro *noh* y las espadas.

LO ANTIGUO Y LO NUEVO EN EL CENTRO DE TOKIO

▶ **MAÑANA**

Llega a la estación de Takebashi hacia las 10.00, después de la hora punta, para ir (por la salida 1b) al **Museo Nacional de Arte Moderno** *(ver p. 75)*, que posee pinturas, grabados, esculturas y fotografías japonesas y occidentales del siglo XX en adelante. A continuación da un paseo por los **Jardines Orientales del Palacio Imperial** *(ver p. 75)*, donde estaba el castillo de Edo. Después, sube a las ruinas de un torreón para contemplar los jardines y luego dirígete a los cercanos rascacielos del barrio de **Marunouchi** para disfrutar de un buen almuerzo en uno de los muchos cafés o restaurantes del imponente edificio **Shin-Marunouchi** *(ver p. 78)*.

TARDE

Después de comer visita la ecléctica **Intermediatheque,** cuyos fondos abarcan desde historia natural hasta arte budista, y echa un vistazo a la estación de Tokio, un soberbio edificio de 1914 con un moderno centro comercial subterráneo. Al norte está el barrio de **Nihonbashi** *(ver pp. 18-19)*, con algunos de los negocios más antiguos del mundo, incluidas tiendas tradicionales como Haibara, especializada en papel *washi*, al lado de complejos ultramodernos como Coredo Muromachi, cuyos tres edificios albergan tiendas de moda, interiorismo o dulces, bares y restaurantes. Acaba el recorrido con una copa en el estiloso bar Mandarin del suntuoso hotel **Mandarin Oriental Tokyo** *(ver p. 128)*.

Ver plano en p. 74 ➤

Compras

1 Shin-Marunouchi
PLANO M3 ■ 1-5-1
Marunouchi, Chiyoda ■ www.
marunouchi.com/building/
shinmaru

Este centro comercial alberga más de 150 tiendas, *boutiques*, joyerías, panaderías y restaurantes.

Interior del centro comercial Kitte

2 Kitte
PLANO M3 ■ 2-7-2 Marunouchi,
Chiyoda ■ marunouchi.jp-kitte.jp

La antigua oficina central de correos es ahora un centro comercial que ofrece una excelente selección de tiendas de moda, artículos del hogar y artesanía tradicional con un aire contemporáneo.

3 Oazo
PLANO N2 ■ 1-6-4 Marunouchi,
Chiyoda ■ www.marunouchi.com/
building/oazo

Este deslumbrante complejo acristalado de tiendas, restaurantes y cafés alberga la enorme librería Mazuren.

4 Tokyo Character Street
PLANO N3 ■ B1 Primera Ave-
nida de la Estación de Tokio, 1-9-1
Marunouchi, Chiyoda ■ 3210-0077

Los amantes de la cultura popular nipona deben visitar este conjunto de tiendas dedicadas a personajes de cómic y televisión como Rilakkuma, Pokémon y Ultraman.

5 Nakadori
PLANO M2 ■ Marunouchi 2, Chiyoda

La calle central de Marunouchi alberga rascacielos como el Shin-Maru, *boutiques* de lujo y cafés. Está preciosa en invierno, con la iluminación artificial.

6 Hara Shobo
PLANO E3 ■ 2-3
Kandajinbocho, Chiyoda ■ www.
harashobo.com

Esta tienda especializada tiene una gran variedad de xilografías, desde asequibles grabados de unos 10.000 yenes hasta piezas dignas de exponerse en museos.

7 Ebisu-do Gallery
PLANO E3 ■ Edif. Inagaki 4F, 1-9
Kandajinbocho, Chiyoda ■ 3219-7651

Galería especializada en grabados *ukiyo-e*. Los originales cuestan 15.000 yenes como mínimo, pero hay buenas reproducciones por unos 3.000 yenes.

8 Yamamoto Yama
PLANO P3 ■ 2-5-1 Nihonbashi,
Chuo ■ 3271-3273

Aparte de servir buenos tés y dulces japoneses vende utensilios para la ceremonia del té como batidores de bambú, cazos de hierro y boles de cerámica.

9 Ohya Shobo
PLANO E3 ■ 1-1
Kandajinbocho, Chiyoda ■ www.
ohya-shobo.com

Esta tienda, fundada en 1882, vende grabados *ukiyo-e* y libros antiguos a precios razonables.

10 Isseido
PLANO E3 ■ 1-7
Kandajinbocho, Chiyoda ■ www.
isseido-books.co.jp

Esta librería anticuaria data de 1913 y conserva sus rasgos *art déco* originales. En la segunda planta hay libros en inglés y mapas raros.

Dónde comer

1 Brasserie aux Amis
PLANO M3 ■ Edif. Shin-Tokyo, 1F, 3-3-1 Marunouchi, Chiyoda ■ 6212-1566 ■ ¥¥

Comida de bar-restaurante rústico en un entorno encantador. El *plat du jour* se puede mojar con un vino de la larga carta.

2 Bar de España Muy
PLANO M3 ■ Tokyo edif. Tokia, 2F, 2-7-3 Marunouchi, Chiyoda ■ 5224-6161 ■ ¥¥

Informal bar de tapas de estilo catalán. Hay que probar el calamar en su tinta con una copa de cava.

3 Dhaba India
PLANO N3 ■ Edificio Sagami, 1F, 2-7-9 Yaesu, Chuo ■ 3272-7160 ■ ¥¥

Cocina del sur de la India. Sirve *thali* y *masala dosa* con arroz basmati.

Masala dosa de Dhaba India

4 Tokyo Ramen Street
PLANO N3 ■ B1 Primera Avenida de la Estación de Tokio, 1-9-1 Marunouchi, Chiyoda ■ ¥

Ocho restaurantes ofrecen *ramen* variados en una misma calle.

5 Washoku En
PLANO N2 ■ Edificio Oazo, 5F, 1-6-4 Marunouchi, Chiyoda ■ 5223-9896 ■ Cerrado: domingo ■ ¥¥

Exquisita selección de platos regionales japoneses y otros más sencillos, como el salmón a la parrilla con berenjena ahumada.

6 DevilCraft Kanda
PLANO F3 ■ 4-2-3 Nihonbashi-muromachi, Chuo ■ Cerrado: lunes y martes ■ www.en.devilcraft.jp ■ ¥¥

Pizza de estilo Chicago mojada con una de las cervezas de la casa, desde afrutadas variedades de trigo hasta alcohólicas IPA.

7 Yukari
PLANO N3 ■ 3-2-14 Nihonbashi, Chuo ■ 3271-3436 ■ Cerrado: domingo ■ ¥¥¥

Conocido por sus platos de pescado con deliciosos sabores y condimentos. Se recomienda el congrio, el pargo, el cangrejo con cítricos japoneses o el *kaiseki* del chef.

8 Kanda Yabu Soba
PLANO F3 ■ 2-10 Kandaawajicho, Chiyoda ■ 3251-0287 ■ Cerrado: miércoles ■ ¥

Como sugiere su nombre, la especialidad de este restaurante son los *soba*, calientes o fríos.

9 Wattle
PLANO M3 ■ Edificio Shin-Marunouchi, 6F, 1-5-1 Marunouchi, Chiyoda ■ 5288-7828 ■ ¥¥

Los ácidos vinos australianos son el complemento perfecto para la cocina Aussie de fusión.

10 Breeze of Tokyo
PLANO M3 ■ Edificio Marunouchi, 36F, 2-4-1 Marunouchi, Chiyoda ■ www.breezeoftokyo.com ■ ¥¥¥

Excelente cocina francesa en un entorno chic con bellas vistas de la ciudad. Extensa carta de cócteles y vinos, con unos 30 tipos de champán.

Ver plano en p. 74

🔟 Ginza

Ginza, sede de la ceca de plata original del sogunato, siempre ha sido sinónimo de comercio y riqueza. Tras un desastroso incendio en 1872, el Gobierno encargó al arquitecto irlandés Thomas Waters la reconstrucción del barrio en ladrillo. El nuevo Ginza se puso a la cabeza del comercio, el ocio y la moda. Aquí se estrenaron las lámparas de gas, los trolebuses y los grandes almacenes de estilo occidental. El epicentro de Ginza es el cruce de 4-chome, lleno de tiendas modernas. Aunque se trata de un lugar cosmopolita, sus casas de té, sus tiendas de incienso y caligrafía, sus restaurantes de *sushi* y el tradicional teatro Kabuki-za garantizan una experiencia genuinamente japonesa.

Plato del Museo Idemitsu de las Artes

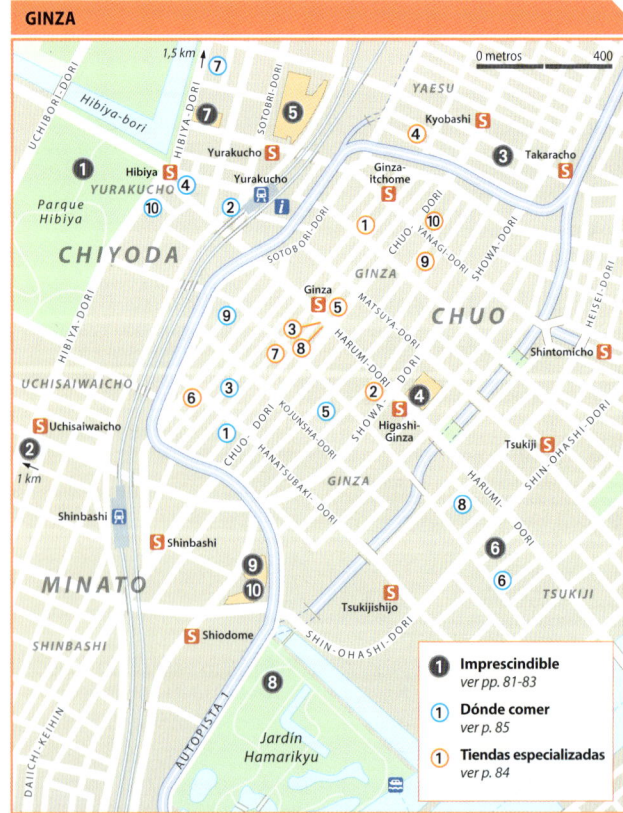

GINZA

Imprescindible	ver pp. 81-83
Dónde comer	ver p. 85
Tiendas especializadas	ver p. 84

1 Parque Hibiya

PLANO L4 ▪ 1 Hibiyakoen,
Chiyoda ▪ 3501-6428

Este parque se construyó sobre una explanada de desfiles militares, dentro de las propiedades de los señores menos favorecidos por el sogún Ieyasu. En 1903 se convirtió en el primer parque de estilo occidental de Japón, con elementos como quioscos de música, una rosaleda, un teatro al aire libre, una fuente de bronce y un emparrado de glicinas. También hay un pequeño jardín japonés con elementos de roca y senderos bordeados de cerezos.

2 Centro de Información del Sake y el Shochu

PLANO M4 ▪ 1-16-15 Nishishinbashi,
Minato ▪ 3519-2091 ▪ Horario: 10.00-
18.00 lu-vi ▪ www.japansake.or.jp/
sake/en/jss/information-center

Para quienes estén interesados en las bebidas típicas de Japón, como el sake y el *shochu*, este centro tiene un museo donde se pueden catar 50 tipos diferentes de sake, *shochu* y *awamori* (licor destilado de arroz).

3 Archivo Cinematográfico Nacional de Japón

PLANO N4 ▪ 3-7-6 Kyobashi, Chuo
▪ 5777-8600 ▪ Horario variable,
consultar web ▪ Se cobra entrada
▪ www.nfaj.go.jp

La única institución dedicada al estudio y la difusión del cine nipón

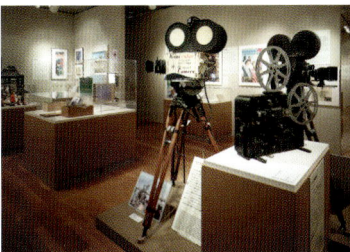

Archivo Cinematográfico Nacional de Japón

y extranjero en Japón posee unos 40.000 filmes en su colección, incluidos muchos clásicos japoneses restaurados. Además de dos salas de proyecciones tiene una biblioteca y una galería que ofrece exposiciones de fotogramas, fotografías y material cinematográfico. A veces organiza programaciones de obras maestras del cine nipón con subtítulos en inglés.

4 Teatro Kabuki-za

PLANO N5 ▪ 4-12-15 Ginza,
Chuo ▪ 3545-6800 ▪ www.kabuki
web.net/theatres/kabukiza

Uno de los edificios más llamativos de Ginza es este teatro dedicado al kabuki. Se ha reconstruido recientemente y se le ha añadido una alta torre que alberga un pequeño museo. La fachada luce gigantescas banderas moradas, lámparas y coloridos carteles.

La llamativa fachada del teatro Kabuki-za

Interior del Foro Internacional de Tokio

⑤ Foro Internacional de Tokio

PLANO M3 & M4 ▪ 3-5-1 Marunouchi, Chiyoda ▪ 5221-9000 ▪ www.t-i-forum.co.jp

Rafael Viñoly diseñó este majestuoso edificio, una de las maravillas arquitectónicas de Tokio. Se completó en 1996 y funciona como centro de convenciones de primer nivel, con cuatro cubos graduados revestidos de granito que sostienen una larga y alta estructura de acero y vidrio llamada Vestíbulo de Cristal. Recorrer los pasos elevados entre las vigas de la parte superior del edificio, sobre zonas voladizas y atrios, es como caminar sobre un cristal suspendido sobre la ciudad.

⑥ Mercado de Tsukiji

PLANO F6 ▪ Tsukiji, Chuo

Aunque el mercado de pescado se ha trasladado a Toyosu, los viejos puestos de alimentación del mercado exterior siguen despachando su excelente género. También se puede probar la comida callejera, comprar recuerdos (vajilla, té o cuchillos de cocina) y descubrir el Tsukiji Uogashi, el nuevo mercado de alimentación cubierto.

⑦ Museo Idemitsu de las Artes

PLANO M3 ▪ Edif. Teigeki, 9F, 3-1-1 Marunouchi, Chiyoda ▪ 5777-8600 ▪ Horario: 11.00-17.00 ma-do (previa reserva) ▪ Se cobra entrada ▪ www.idemitsu-museum.or.jp

A medida que la fortuna del magnate del petróleo Sazo Idemitsu se incrementaba, también lo hacía su pasión por el arte asiático. Este museo, abierto en 1966, muestra su ecléctica colección, que incluye pinturas, bronces, cerámica, grabados *ukiyo-e* y raros biombos dorados. Entre los fondos caligráficos se encuentra la mayor colección mundial de obras del monje zen Sengai. El museo organiza exposiciones periódicas de obras de China, Corea y Próximo Oriente. La sala que contiene los fragmentos de alfarería, en la novena planta, ofrece bellas vistas del recinto del Palacio Imperial.

⑧ Jardín Hamarikyu

PLANO M6 ▪ 1-1 Hamarikyu Teien, Chuo ▪ Horario 9.00-17.00 todos los días ▪ Se cobra entrada ▪ www.tokyo-park.or.jp/teien/en/hama-rikyu

El hermano menor del sogún Ietsuna se construyó una casa en 1654 en un terreno ganado a la bahía. Finalizada por un sogún posterior, Ienari, el diseño básico y el equilibrio de su jardín se conservan intactos. En él destaca el gran estanque mareal, con un pequeño pabellón de té e islotes conectados por puentes de madera. Unas 600 especies de peonías, árboles de Júpiter, cerezos, iris, bambúes y ciruelos crecen en el jardín.

El tranquilo jardín Hamarikyu

⑨ Shiodome y Caretta Shiodome

PLANO M5 ▪ **1-8-2 Higashishinbashi, Minato** ▪ **6218-2100**

Como una miniciudad futurista, el barrio litoral de Shiodome alberga un grupo de rascacielos como la Shiodome Media Tower y el reputado hotel Conrad Tokyo, así como una plaza de estilo italiano, cafés, restaurantes y bares de copas. El complejo Caretta Shiodome, de 47 plantas, contiene más de 60 tiendas, restaurantes y cafés.

⑩ Ad Museum Tokyo

PLANO M5 ▪ **Caretta Shiodome, B1F-B2F, 1-8-2 Higashishinbashi, Minato** ▪ **6218-2500** ▪ **Horario: 11.00-18.00 ma-sá** ▪ **www.admt.jp**

Este espacioso museo, financiado por el gigante de la publicidad Dentsu en 2002, traza la historia de la publicidad nipona desde el periodo Edo hasta la actualidad. Los anuncios expuestos van desde xilografías coloreadas hasta los últimos *spots* de televisión. La biblioteca del museo cuenta con unos 200.000 anuncios digitalizados.

UN DÍA DE COMPRAS EN GINZA

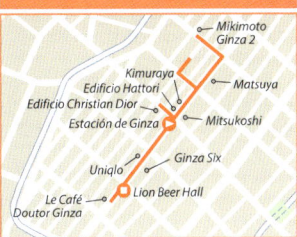

Mikimoto Ginza 2
Kimuraya
Edificio Hattori — Matsuya
Edificio Christian Dior
Estación de Ginza — Mitsukoshi
Ginza Six
Uniqlo
Lion Beer Hall
Le Café
Doutor Ginza

▶ **MAÑANA**

Toma la salida a 4-chome de la estación de Ginza antes de las 10.00 para tomar un café en el elegante Le Café Doutor Ginza y llegar a tiempo de recibir el saludo del personal de los grandes almacenes **Mitsukoshi** *(4-6-16 Ginza)*. A unos pasos está el esbelto edificio Christian Dior y, en la esquina opuesta de 4-chome, los grandes almacenes Wako. Están situados en el **edificio Hattori** *(ver p. 41)*, símbolo de Ginza desde la década de 1930. Al lado está la panadería **Kimuraya** *(ver p. 84)*, especializada en *anpan*, una delicia local, desde 1869. Regresa a Mitsukoshi y echa un vistazo a sus productos de alta calidad. Dedica unos minutos a subir a la azotea, donde se hacen ofrendas en un santuario sintoísta para pedir prosperidad. Después toma un almuerzo ligero o un té con dulces en la sección de alimentación del sótano.

TARDE

Cruza la carretera y camina hacia el noreste por la Chuo-dori, pasando por **Mikimoto Ginza 2** *(ver p. 84)*, la casa de las perlas cultivadas, y por los grandes almacenes Matsuya. Luego visita las últimas incorporaciones a la zona, como la principal sucursal en Tokio de la marca de moda Uniqlo y, al otro lado de la calle, el complejo **Ginza Six** *(ver p. 66)*, con su mezcla de tiendas de lujo, instalaciones de arte contemporáneo y restaurantes. Para apagar la sed acude al famoso Lion Beer Hall.

Ver plano en p. 80 ←

Tiendas especializadas

El peculiar edificio Mikimoto Ginza 2

1 Mikimoto Ginza 2
PLANO N4 ▪ 2-4-12 Ginza, Chuo
▪ 3535-4611 ▪ www.mikimoto.com

Este llamativo edificio diseñado por Toyo Ito alberga la empresa que comercializa las exquisitas perlas cultivadas que desarrolló Kokichi Mikimoto en 1893.

2 Oonoya
PLANO N5 ▪ 5-12-3 Ginza, Chuo ▪ 3541-0975

Esta tienda, fundada en 1868 enfrente del teatro Kabuki-za, vende calcetines *tabi* y pañuelos *tenugui* con estampados tradicionales.

3 Akebono
PLANO M4 ▪ 5-7-19 Ginza, Chuo ▪ 3571-3640

Tienda especializada en *wagashi*, dulces japoneses para tomar con té verde hechos con ingredientes tradicionales como el *anko*, una pasta de judías dulces. Tiene sucursales en varios grandes almacenes de Tokio.

4 Itoya
PLANO N5 ▪ 2-7-15 Ginza, Chuo ▪ 3561-8311

Este emporio de la papelería y el material de escritorio abrió sus puertas en 1904 y ahora ocupa dos estilosos edificios.

5 Kimuraya
PLANO M4 ▪ 4-5-7 Ginza, Chuo ▪ 3561-0091

Abierta en la década de 1870, Kimuraya es conocida por los *anpan*, panecillos rellenos de pasta de judías dulces.

6 Takumi
PLANO M5 ▪ 8-4-2 Ginza, Chuo ▪ 3571-2017

Interesante mezcla de artesanía, cerámica y juguetes tradicionales en un entorno de buen gusto.

7 Ginza Natsuno
PLANO M5 ▪ 6-7-4 Ginza, Chuo ▪ www.e-ohashi.com

Pequeña tienda con una enorme selección de palillos, ideales como recuerdo y para regalar.

8 Kyukyodo
PLANO M4 ▪ 5-7-4 Ginza, Chuo ▪ 3571-4429

Famoso comercio especializado en papel en activo desde el siglo XVII. Aparte de papel vende tarjetas de regalo, cajas e incienso.

9 Niwaka
PLANO N4 ▪ 2-8-3 Ginza, Chuo ▪ 5159-1117

Tienda especializada en joyas originales diseñadas a medida del cliente. Los productos se encargan a talleres artesanales de Kioto.

10 Tanagokoro
PLANO N4 ▪ 1-8-15 Ginza, Chuo ▪ www.tanagokoro.com

Proveedores de *binchotan*, un carbón de alta calidad. Afirman que, si se pone en una habitación o en el agua del baño, tiene poderes curativos y actúa como purificador.

Dónde comer

(1) Kyubei
PLANO M5 ■ 8-7-6 Ginza, Chuo ■ 3571-6523 ■ Cerrado: domingo ■ ¥¥¥
El templo supremo del *sushi* ofrece una extraordinaria experiencia culinaria, a pesar del precio.

(2) Shin Hinomoto
PLANO M4 ■ 2-4-4 Yurakucho, Chiyoda ■ Cerrado: domingo ■ www.shin-hinomoto.com ■ ¥¥
Este tradicional *izakaya* (*pub* japonés), propiedad de un británico, se precia de servir un excelente pescado.

(3) Kanetanaka-an
7-6-16, Ginza, Chuo ■ 3289-8822 ■ Cerrado: domingo ■ ¥¥
Refinados *kaiseki* de cinco platos que muestran diferentes aspectos de la cocina nipona.

(4) Ten-ichi
PLANO F5 ■ 1-8-1 Yurakucho, Chiyoda ■ www.tenichi.co.jp ■ ¥¥¥
La sucursal del Peninsula de esta popular cadena sirve deliciosas tempuras.

(5) Maru
PLANO M5 ■ 6-12-15 Ginza, Chuo ■ Cerrado: domingo ■ www.maru-mayfont.jp ■ ¥¥¥
El elegante Maru (*ver p. 62*) es conocido por sus asequibles *kaiseki* y sus deliciosos platos de arroz. Los lugareños le sacan partido a su popular menú de almuerzo.

El sofisticado interior de Maru

(6) Tsukiji Sushi-sei
PLANO N5 ■ 4-13-5 Tsukiji, Chuo ■ 3544-1919 ■ ¥¥
En esta cadena de *sushi* de estilo Edo hay que imitar a los locales y pedir las *omakase* (sugerencias del chef).

(7) Bird Land
PLANO M4 ■ Edif. Tsukamoto Sozan, B1, 4-2-15 Ginza, Chuo ■ 5250-1081 ■ Cerrado: domingo y lunes ■ ¥¥
Muy popular por su fresco y excelente *yakitori* (brochetas de pollo a la brasa con salsa de soja). También ofrece otros platos de pollo suculentos y bien presentados.

(8) RyuGin
PLANO M4 ■ Tokyo Midtown Hibiya, 1-1-2 Yurakucho, Chiyoda ■ www.nihonryori-ryugin.com ■ ¥¥¥
En RyuGin (*ver p. 63*), el aclamado chef Seiji Yamamoto presenta una innovadora versión del *kaiseki* tradicional.

(9) Sato Yosuke
PLANO M4 ■ Deihonkan, 1F, 6-4-17 Ginza, Chuo ■ www.sato-yoske.co.jp ■ ¥
Este restaurante sirve *inaniwa udon* (fideos originarios de las montañas de la prefectura de Akita) hechos a mano y con diferentes guarniciones.

(10) Edogin
PLANO N5 ■ 4-5-1 Tsukiji, Chuo ■ 3543-4401 ■ ¥¥
El pescado sale directamente del acuario, así que el *sushi* no puede ser más fresco. Buenas raciones en un ambiente sencillo.

Ver plano en p. 80

🔟 Ueno, Asakusa y Oshiage

Incluso en el siglo XXI, algunas zonas de Tokio retienen el carácter *shitamachi* de la vieja Edo. Uedo alberga museos, templos, un parque lleno de cerezos y una gran estación ferroviaria. Asakusa, con sus lugares de culto, restaurantes tradicionales y tiendas variadas, atrae tanto al *gourmand* como al budista devoto. Al otro lado del río Sumida, Oshiage tiene un encanto retro a pesar de la imponente presencia de la contemporánea Tokyo Skytree.

Pieza del Museo Nacional de Tokio

El parque Ueno en otoño

1 Parque Ueno

Este maravilloso parque *(ver pp. 20-21)* ofrece una atractiva mezcla de ocio y cultura. Alberga el Museo Nacional de Tokio, galerías de arte contemporáneo japonés y occidental, un museo de ciencia, avenidas bordeadas de cerezos y el santuario Toshogu, un monumento histórico. Para los visitantes más interesados en el ocio hay restaurantes, cafés, un zoológico y un gran estanque dividido en una sección para barcas, un rincón de conservación y otra zona para los lotos.

UENO, ASAKUSA Y OSHIAGE

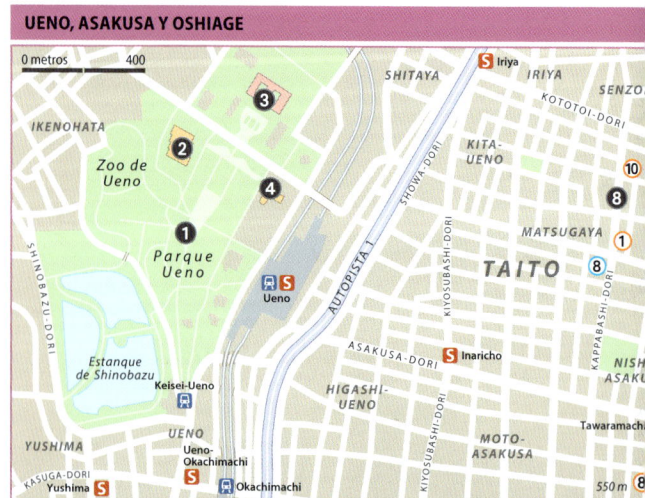

② Museo Metropolitano de Arte de Tokio

PLANO F1 ▪ 8-36 Uenokoen, Taito ▪ 3823-6921 ▪ Horario: 9.30-17.30 todos los días (excepto 1.er y 3.er sábados de mes) ▪ Se cobra entrada ▪ www. tobikan.jp

Este edificio de ladrillo rojo, diseñado por Kunio Maekawa, tiene salas parcialmente subterráneas que quizás no sean perfectas para exponer arte, pero las exposiciones siempre son interesantes. La sala principal muestra su ecléctica colección: desde arreglos florales y caligrafía hasta instalaciones contemporáneas.

③ Museo Nacional de Tokio

Este aclamado museo *(ver pp. 24-27)* es el foco cultural del parque Ueno. Está dividido en cuatro galerías principales: la Honkan expone la colección de arqueología y arte de Japón; la Toyokan muestra arte y artesanía de Asia, sobre todo objetos chinos, centroasiáticos y coreanos; en la Heiseikan hay hallazgos arqueológicos, como piezas de alfarería y estatuas funerarias; y la Galería de los Tesoros de Horyu-ji alberga una colección de valiosos objetos religiosos. Dentro del complejo está la Hyokeikan, un bello ejemplo de arquitectura del periodo Meiji.

Museo Nacional de Naturaleza y Ciencia

④ Museo Nacional de Naturaleza y Ciencia

PLANO F1 ▪ 7-20 Uenokoen, Taito ▪ 3822-0111 ▪ Horario: 9.00-17.00 ma-do, 9.00-20.00 vi y sá ▪ Se cobra entrada ▪ www.kahaku.go.jp

Una gigantesca ballena en el exterior del edificio anuncia este enorme museo, dividido entre la sección antigua, aunque renovada, y otra más nueva. Muestras antiguas de dinosaurios, asteroides y una casa de colmillos de mamuts reconstruida conviven con modernos paneles táctiles y modelos digitales.

Imprescindible
ver pp. 86-89

Dónde comer
ver p. 91

Tiendas especializadas
ver p. 90

Centro de Artesanía Tradicional de Edo Taito

⑤ Centro de Artesanía Tradicional de Edo Taito

PLANO R2 ▪ 2-22-13 Asakusa, Taito ▪ 3842-1990 ▪ Horario: 10.00-18.00 todos los días ▪ Cerrado: 2.º y 4.º martes de mes

Este museo se fundó para conservar y promover las industrias y técnicas artesanales del periodo Edo. Unas 250 muestras representan 50 artesanías tradicionales diferentes. Los fines de semana hay demostraciones.

⑥ Templo Senso-ji

El templo matriz de Tokio (*ver pp. 14-15*) se alza majestuoso al final de la Nakamise-dori, una avenida llena de tiendas de recuerdos y tentempiés. Dos imponentes puertas dan paso al gran incensario que precede a la sala principal, de un estilo conocido como *gongen-zukuri*. En el mismo recinto está el santuario de Asakusa, fundado en 1649 y reconstruido varias veces.

Más antigua aún, de 1618, es la puerta Niten-mon, que ha sobrevivido milagrosamente intacta a terremotos, tifones y bombardeos.

⑦ Hanayashiki

PLANO R1 ▪ 2-28-1 Asakusa, Taito ▪ 3842-8780 ▪ Horario: 10.00-18.00 todos los días ▪ Se cobra entrada ▪ www.hanayashiki.net

El parque de atracciones Hanayashiki, un antiguo jardín que formaba parte de una residencia aristocrática al oeste del templo Senso-ji, se inauguró en la zona de ocio de Asakusa Rokku en 1853. Conserva su aire retro, con máquinas de juegos anticuadas, una casa con fantasmas muy realista que data de la década de 1950 y la montaña rusa más antigua de Japón.

Puerta Hozo-mon del templo Senso-ji

8 Kappabashi, la calle de la cocina

PLANO Q2 ■ **Kappabashi-dori, Taito**

La larga Kappabashi-dori es conocida por su sobrenombre en inglés, Kitchen Town. Alberga 170 tiendas que venden vitrinas, vestimenta, palillos, cerámica, ollas, sartenes y otros utensilios de cocina. Imprescindible para chefs profesionales y aficionados.

9 Tokyo Skytree

PLANO H2 ■ **1-1-2 Oshiage, Sumida** ■ **0570-55-0634** ■ **Horario: 10.00-21.00 todos los días** ■ **Se cobra entrada (solo se accede a los miradores)** ■ **www.tokyo-skytree.jp**

Esta torre de 634 m de altura, inaugurada en 2012, tiene dos miradores. Aunque el arquitecto quería crear un edificio futurista, el diseño incorporó varios elementos tradicionales japoneses. Hasta el color está basado en el tradicional tono blanco azulado nipón llamado *aijiro*.

La imponente Tokyo Skytree

10 Autobuses acuáticos

Las embarcaciones que prestan servicio en el río Sumida *(ver pp. 16-17)* ofrecen una perspectiva diferente de la ciudad y conectan varios lugares de interés. Tokyo Cruise es la compañía más popular *(ver p. 123)*. Tras visitar el Senso-ji se puede tomar un autobús acuático desde Asakusa hasta el jardín Hamarikyu y luego continuar hasta la isla artificial de Odaiba, un destino ideal para ir en familia.

UN DÍA EN ASAKUSA

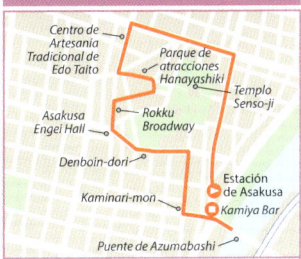

Centro de Artesanía Tradicional de Edo Taito
Parque de atracciones Hanayashiki
Templo Senso-ji
Asakusa Engei Hall
Rokku Broadway
Denboin-dori
Estación de Asakusa
Kaminari-mon
Kamiya Bar
Puente de Azumabashi

▶ MAÑANA

Desde la estación de Asakusa dirígete al norte por la Umamichi-dori y toma la Kototoi-dori a la izquierda hasta llegar al **Centro de Artesanía Tradicional de Edo Taito**. El cercano parque de atracciones **Hanayashiki** es una reliquia del antiguo barrio de ocio de Rokku. Al suroeste está Rokku Broadway, una calle peatonal que alberga teatros tradicionales y salas de comedia, como el **Asakusa Engei Hall** *(ver p. 59)*. Los artistas callejeros, los carteles y los voceadores dan ambiente a Rokku Broadway. En las bocacalles de la Denboin-dori hay muchos restaurantes pintorescos y económicos que sirven fideos fritos, *yakitori* y *oden*, un cocido variado.

TARDE

Camina hacia el sur hasta la gran **Kaminari-mon** *(ver p. 14)*, entrada principal del **templo Senso-ji** *(ver pp. 14-15)*, para admirar el gigantesco farol de papel y las estatuas antiguas. Dirígete hacia el **río Sumida** *(ver pp. 16-17)* y la estación de partida. Antes de llegar al río puedes parar en el **Kamiya Bar** *(ver p.64)*, el bar de estilo occidental más antiguo de la ciudad. Desde mediodía, camareros con chalecos sirven *denki-bran*, un cóctel de brandi marca de la casa. Termina el día tomando un barco en el colorido puente de Azumabashi hasta el jardín Hamarikyu o la isla de Odaiba.

Ver plano en pp. 86-87

Tiendas especializadas

Interior del centro comercial Solamachi

1 Ganso
PLANO Q2 ■ 3-7-6 Nishiasakusa, Taito ■ Horario: 10.00-17.30 todos los días ■ www.ganso-sample.com

Esta tienda vende *sanpuru*, los alimentos de plástico que se ven en los escaparates de muchos restaurantes.

2 Bunsendo
PLANO R3 ■ 1-30-1 Asakusa, Taito ■ 3844-9711 ■ Horario: 10.30-16.30 lu-vi, 10.30-17.00 sá y do

Aquí la especialidad son los abanicos que usan las bailarinas, los actores de kabuki y las *geishas*.

3 Fujiya
PLANO R2 ■ 2-2-15 Asakusa, Taito ■ 3841-2283 ■ Horario: 11.00-17.00 vi-mi

Las *tenugui* (toallas de algodón estampadas) son regalos ideales y esta tienda tiene cientos de diseños.

4 Ojima
PLANO R2 ■ 2-3-2 Asakusa, Taito ■ 4285-9664 ■ Horario: 9.00-17.00 todos los días ■ www.edokiriko.jp

El sitio para comprar delicada cristalería de colores de Edo Kiriko, con patrones grabados.

5 Kurodaya
PLANO R3 ■ 1-2-5 Asakusa, Taito ■ 3844-7511 ■ Horario: 10.00-18.00 ma-do

Tienda especializada en papel *washi*, xilografías y otros adornos de papel.

6 Solamachi
PLANO H2 ■ 1-1-2 Oshiage, Sumida ■ Horario: 10.00-21.00 todos los días ■ www.tokyo-solamachi.jp

En este centro comercial situado bajo la Tokyo Skytree se venden imanes con forma de *sushi*, incienso, abanicos decorativos, palillos y productos anime.

7 Sukeroku
PLANO R2 ■ 2-3-1 Asakusa, Taito ■ 3844-0577 ■ Horario: 10.00-18.00 todos los días

Esta tienda, abierta en 1866, es la única que hace y vende muñecas y juguetes en miniatura de estilo Edo.

8 Maito Design Works
PLANO G2 ■ 4-10-12 Kuramae, Taito ■ Horario: 11.30-18.30 ma-do ■ www.maitokomuro.com

Tienda especializada en artículos hechos con el tradicional teñido *kusakizome* en el moderno barrio de Kuramae.

9 Yonoya Kushiho
PLANO R3 ■ 1-37-10 Asakusa, Taito ■ 3844-1755 ■ Horario: 10.30-17.00 ju-ma

Esta tienda vende peines de boj de gran calidad y adornos *netsuke* para el pelo desde 1717.

10 Soi
PLANO Q2 ■ 3-25-11 Nishiasakusa, Taito ■ 6802-7732 ■ Horario: 12.00-17.00 lu-vi, 11.00-18.00 sá y do

Está en la Kappabashi-dori y es una de las mejores tiendas de artículos del hogar, con buena cerámica.

Ver plano en pp. 86-87

Dónde comer

1 Sometaro
PLANO Q3 ■ 2-2-2 Nishiasakusa, Taito ■ 3844-9502 ■ ¥

Aquí solo se sirven *okonomiyaki*, una especie de crepes de gambas, pulpo y verduras.

2 Namiki Yabu Soba
PLANO R3 ■ 2-11-9 Kaminarimon, Taito ■ 3841-1340 ■ Cerrado: jueves ■ ¥

Este popular establecimiento de *soba* (fideos de trigo sarraceno) está en la calle del templo Senso-ji.

3 Daikokuya
PLANO R3 ■ 1-38-10 Asakusa, Taito ■ 3844-1111 ■ ¥¥

Siempre hay colas en este popular restaurante, que sirve deliciosa tempura de pescado y verduras.

4 Kappo Yoshiba
PLANO H3 ■ 2-14-5 Yokoami, Sumida ■ Cerrado: domingo ■ www.kapou-yoshiba.jp ■ ¥¥

Situado en un antiguo gimnasio de sumo, este restaurante tiene mucho ambiente. Sirve excelente *chanko nabe*, el guiso favorito de los luchadores de sumo.

5 Komakata Dozeu
PLANO R2 ■ 1-7-12 Komagata, Taito ■ 3842-4001 ■ ¥¥

En este restaurante de larga tradición se sirve locha (un pescado parecido a la anguila) guisada o asada desde su apertura, en 1801.

6 Otafuku
PLANO Q2 ■ 1-6-2 Senzoku, Taito ■ 3871-2521 ■ Cerrado: lunes ■ ¥¥

La especialidad de este encantador restaurante centenario es el *oden*, un cocido de vieiras, surimi, huevos duros y rábanos con su buen caldo.

7 Maguro Bito
PLANO R3 ■ 2-18-12 Kaminarimon, Taito ■ 3847-7139 ■ ¥¥

Popular *kaitenzushi* (restaurante de *sushi* en cinta transportadora) con una buena relación calidad-precio. La especialidad es el *maguro* (atún).

8 Asakusa Imahan
PLANO Q2 ■ 3-1-12 Nishiasakusa, Taito ■ www.asakusaimahan.co.jp ■ ¥¥

Restaurante especializado en *shabu-shabu* (finas lonchas de carne de vacuno cocidas en caldo) y *sukiyaki* (carne de vacuno con verduras cocinadas en una salsa dulce de soja).

El tradicional Asakusa Imahan

9 Waentei-Kikko
PLANO R2 ■ 2-2-13 Asakusa, Taito ■ Cerrado: miércoles ■ www.waentei-kikko.com ■ ¥¥

Este restaurante ofrece refinada cocina japonesa en un entorno informal. Las comidas se amenizan con recitales de *shamisen* (un instrumento de cuerda).

10 Yoroiya
PLANO H2 ■ 1-36-7 Asakusa, Taito ■ 3845-4618 ■ ¥

Este animado restaurante de ramen sirve *shoyu-ramen* (con sopa de soja) y deliciosas *gyoza*.

Páginas siguientes Torii rojos del santuario Hie

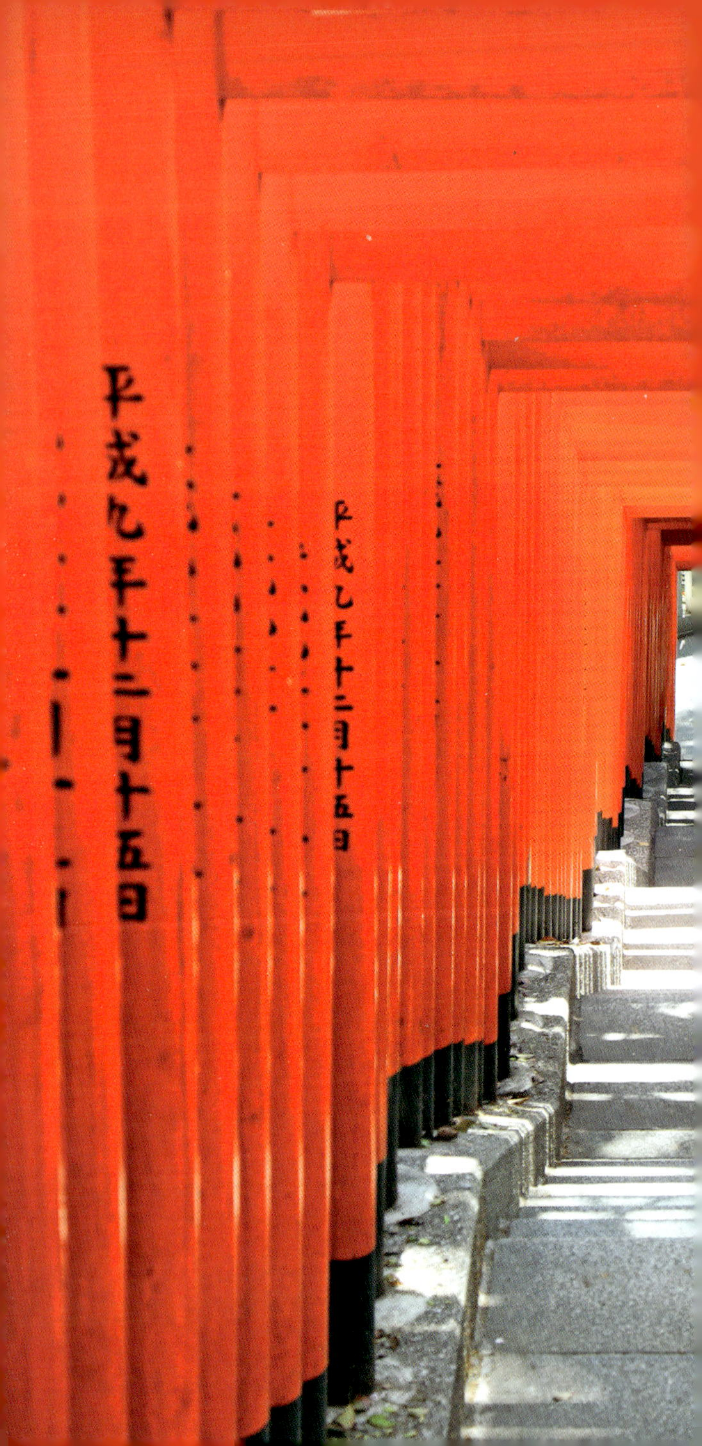

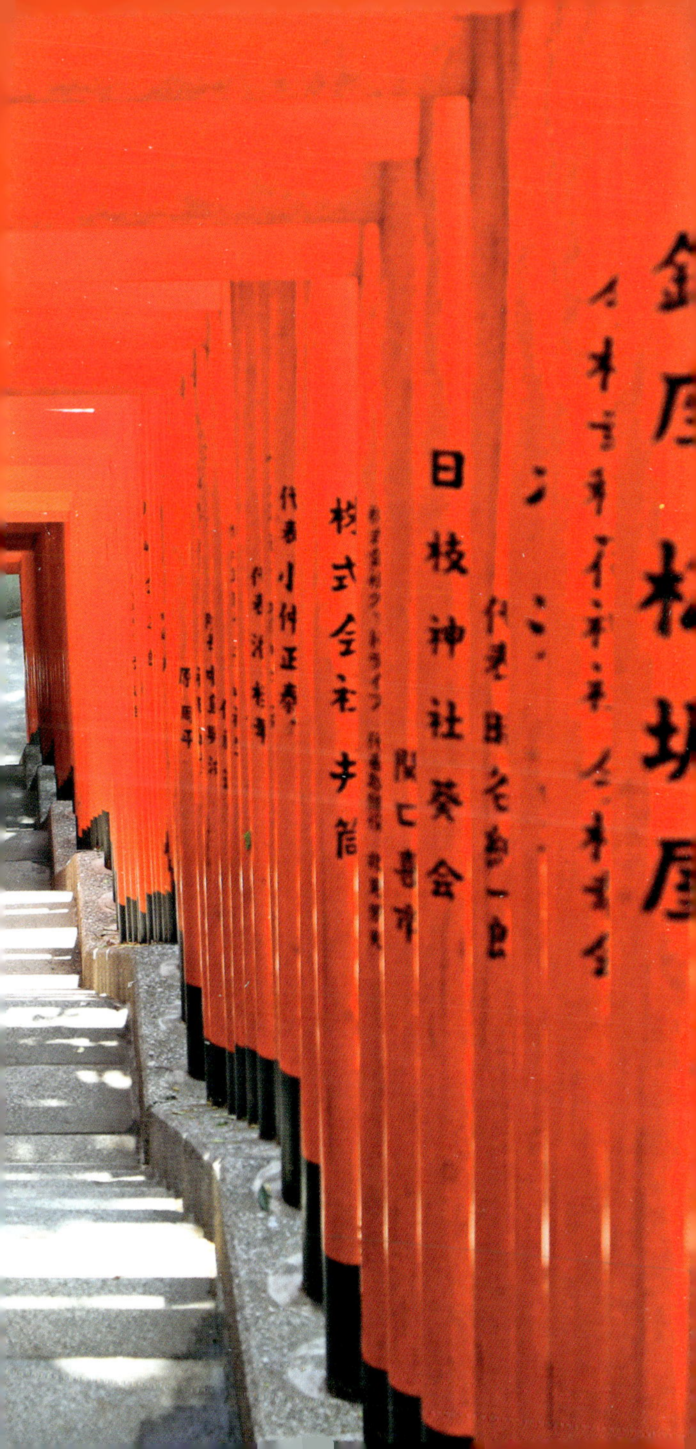
日枝神社葵会

TOP10 Roppongi y Akasaka

Roppongi es un relevante foco artístico, comercial, de comunicaciones, de vida nocturna y de estilo de vida en general. Alberga innovadores centros e instalaciones, como Roppongi Hills y Tokyo Midtown. Cerca está el distrito de negocios de Akasaka, en el umbral de la Dieta Nacional de Japón y las oficinas gubernamentales. Aquí hay muchos bares y restaurantes, así como importantes templos y santuarios.

Detalle del exterior del santuario Nogi

1 Roppongi Hills
PLANO D6 ■ 6-10-1 Roppongi, Minato ■ ■ www.roppongihills.com

Esta pequeña ciudad dentro de Tokio, inaugurada en 2003, tiene jardines y un auditorio. Su estructura central, la torre Mori, de 54 plantas, alberga oficinas, más de 200 tiendas, restaurantes, bares, el hotel Grand Hyatt y el Museo de Arte Mori.

El animado complejo de Roppongi Hills

ROPPONGI Y AKASAKA

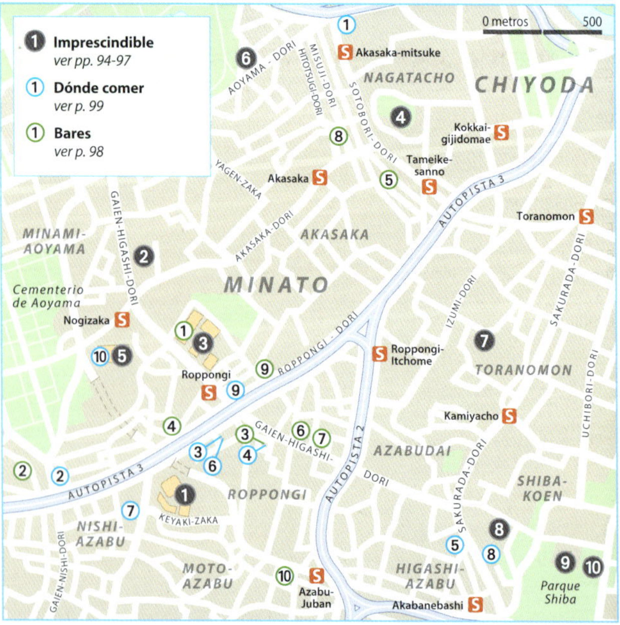

1 Imprescindible
ver pp. 94-97

1 Dónde comer
ver p. 99

1 Bares
ver p. 98

0 metros 500

2 Santuario Nogi
PLANO C5 ▪ 8-11-27 Akasaka,
Minato ▪ 3478-3001 ▪ www.nogijinja.
or.jp

Este santuario modesto pero significativo honra al general Maresuke Nogi, que se suicidó junto a su esposa el 13 de septiembre de 1912 en acto de lealtad cuando falleció el emperador Meiji. El acontecimiento dividió al país entre quienes lo admiraban como gesto heroico y quienes lo condenaban por ser una práctica arcaica. La casa del general, junto al santuario, se abre la víspera y el día del aniversario del suicidio de la pareja.

3 Tokyo Midtown
PLANO D5 ▪ 9-7-1 Akasaka,
Minato ▪ www.tokyo-midtown.com

Este desarrollo urbanístico, inaugurado en 2007, reservó el 40% del terreno para el parque Hinokicho y el jardín Midtown. La torre Midtown y su conjunto de edificios contienen oficinas, apartamentos, tiendas, bares, restaurantes y el hotel Ritz-Carlton Tokyo. La zona presenta sus credenciales culturales con el magnífico Museo de Arte Suntory (ver p. 47) y 21_21 Design Sight, una galería dedicada al diseño y concebida por el arquitecto Tadao Ando y el gurú de la moda Issey Miyake.

4 Santuario Hie
PLANO J4 ▪ 2-10-5 Nagatacho,
Chiyoda ▪ 3581-2471 ▪ www.hiejinja.net

Erigido como santuario protector, ardió por los bombardeos en 1945 y fue reconstruido en 1958. Su función de desviar los espíritus malignos del castillo de Edo puede verse en unas tallas de madera a la izquierda del santuario principal que representan a un mono protegiendo a un bebé. Las mujeres embarazadas acuden a pedir buenos partos y la procesión de Sanno Matsuri –dedicada a la familia imperial– empieza y acaba aquí.

Interior del Centro Nacional de Arte

5 Centro Nacional de Arte de Tokio
PLANO C6 ▪ 7-22-2 Roppongi, Minato
▪ 5777-8600 ▪ Horario: 10.00-18.00
mi-lu ▪ Se cobra entrada ▪ www.nact.jp

El mayor espacio de exposiciones de Japón acoge muestras temporales como Nitten, un evento anual dedicado a la pintura, escultura, artesanía y caligrafía japonesas y occidentales. El Centro Nacional de Arte se construyó en 2007 y tiene una fachada ondulada de vidrio, paredes de pizarra y suelos de madera.

El santuario Hie

Estatuas de zorros que custodian el Toyokawa Inari Betsuin

⑥ Toyokawa Inari Betsuin
PLANO D5 ▪ **1-4-7 Motoakasaka, Minato** ▪ **3408-3414**

Este templo zen con elementos sintoístas destaca por sus banderas naranjas, sus faroles y por los cientos de estatuas de zorros que representan al *bodhisattva* Jizo (protector de los niños y los viajeros) y Kannon (diosa de la misericordia). Detrás de los edificios hay senderos bordeados de *senbon nobori* (banderolas) colgadas por los devotos para que se cumplan sus deseos.

⑦ Musée Tomo
PLANO K5 ▪ **Edif. Nishi-Kubo, 4-1-35 Toranomon, Minato** ▪ **5733-5131** ▪ **Horario: 11.00-18.00 ma-do** ▪ **Se cobra entrada** ▪ **www.musee-tomo.or.jp**

Tomo Kikuchi, coleccionista de cerámica contemporánea, fundó en 2003 este pequeño museo, uno de los más elegantes de Tokio. Las exposiciones cambian cada pocos meses y están dedicadas a artistas en particular o a escuelas de cerámica, como Bizen o Raku.

⑧ Torre de Tokio
PLANO K6 ▪ **4-2-8 Shibakoen, Minato** ▪ **3433-5111** ▪ **Horario variable, consultar web** ▪ **www.tokyotower.co.jp**

Cuando se inauguró, en 1958, esta antena de radiodifusión era el edificio más alto de Tokio. Hoy sigue atrayendo a multitud de visitantes por las vistas que ofrecen sus miradores. En 2022 se abrió un centro de e-sports en el complejo ubicado en su base, lleno de restaurantes.

La torre de Tokio despunta en el cielo

ARTE PÚBLICO EN ROPPONGI

A varios artistas de primer orden se les encargó crear obras para Roppongi Hills. La enorme araña *Maman* de Louise Bourgeois es la más visible, pero también hay dibujos murales, un robot iluminado, un gigantesco grano de café, pantallas con modelos digitales, un paisaje pintado en 3D y bancos ondulados.

⑨ Templo Zojo-ji

PLANO E6 ∎ 4-7-35 Shibakoen, Minato ∎ 3432-1431 ∎ Horario: 9.00-17.00 todos los días ∎ www.zojoji.or.jp

Este templo se fundó en 1393 y en 1598 se trasladó a su ubicación actual, cerca de la torre de Tokio. En el siglo siguiente fue elegido por los sogunes Tokugawa como su templo ancestral. Fue víctima de los bombardeos de la Segunda Guerra Mundial y en la década de 1970 se reconstruyó en hormigón armado. Hoy acoge multitud de eventos religiosos. La sala principal contiene estatuas antiguas, *sutras* escritos y otros objetos sagrados. La sala Ankokuden alberga una imagen negra del buda Amida, conocido como obrador de milagros que otorga la victoria y protege contra el mal.

Sala Ankokuden del templo Zojo-ji

⑩ Puerta San-mon

PLANO E6 ∎ Shibakoen, Minato

Los incendios y los terremotos han reducido los edificios tokiotas a escombros durante 400 años, pero la bella San-mon, entrada principal del templo Zojo-ji, se ha mantenido milagrosamente intacta. Erigida en 1622, es la estructura de madera más antigua de la ciudad. Con sus tres niveles (que representan los tres estadios para alcanzar el nirvana) y sus lacados rojos, la puerta está declarada bien de interés cultural. Está especialmente bonita con la iluminación nocturna.

UN DÍA EN EL TRIÁNGULO DEL ARTE

▶ **MAÑANA**

Por la salida 1C de la estación de Roppongi llegas directamente a **Roppongi Hills** (ver p. 94); al final de la escalera mecánica está la gran araña *Maman*, de Louise Bourgeois, una de las obras de arte públicas que decoran este complejo comercial y empresarial. Sube a la parte superior de la torre Mori para visitar el excelente **Museo de Arte Mori** (ver p. 45) y el mirador Tokyo City View, que ofrece un bello panorama urbano. Cruza la Roppongi-dori y camina rumbo al norte para ir al **Centro Nacional de Arte de Tokio** (ver p. 95), cuyas 12 salas acogen un ecléctico programa de exposiciones temporales. En su interior, sobre un enorme cono invertido, está la **Brasserie Paul Bocuse Le Musée** (ver p. 99), donde puedes comer disfrutando de las vistas antes de reanudar el recorrido.

TARDE

Dirígete al norte hacia el **santuario Nogi** (ver p. 95), y visita la Galería Ma. Las exposiciones de esta galería, patrocinada por la compañía de accesorios de baño Toto, se centran en la arquitectura y las últimas tendencias del diseño. También tiene una excelente librería. Regresa hacia el cruce de Roppongi donde puedes parar en **Tokyo Midtown** (ver p. 95) y ver qué se expone en el Museo de Arte Suntory o en **21_21 Design Sight** (ver p. 49). En la 45.ª planta está **The Bar** (ver p. 98), el sitio ideal para tomar un cóctel tras un duro día de turismo.

Ver plano en p. 94 ←

Bares

1 The Bar
PLANO D5 ■ 9-7-1 Akasaka, Minato ■ www.tokyomidtown.com
El glamuroso bar de cócteles del Ritz Carlton, en la 45.ª planta de la torre Midtown, tiene un buen surtido de bebidas e increíbles vistas.

2 These
PLANO C6 ■ 2-15-12 Nishiazabu, Minato ■ www.these-jp.com
Este bar es prácticamente como una biblioteca, pero con una gran selección de bebidas alcohólicas.

3 BrewDog
PLANO U4 ■ 5-3-2 Roppongi, Minato ■ www.brewdog.com/uk/bars/global/Roppongi
El sitio ideal para probar cervezas artesanales de barril japonesas y europeas: tiene hasta 22.

4 Agave Clover
PLANO T4 ■ Edif. DM B1F, 7-18-11 Roppongi, Minato ■ 3497-0229 ■ Cerrado: domingo y lunes
Bar caro de tipo cantina con unas 500 variedades de tequila.

5 The Pink Cow
PLANO D5 ■ 2-7-5 Akasaka, Minato ■ Cerrado: domingo ■ www.thepinkcow.com
Animado bar y galería popular entre los expatriados. Buenos cócteles y comida californiana-mexicana.

6 Propaganda
PLANO U4 ■ Edif. Yua Roppongi 2F, 3-14-9 Roppongi, Minato ■ 3423-0988 ■ Cerrado: domingo ■ www.propaganda6.tokyo
Bar popular, ruidoso, chic y bien surtido. Parte del personal habla inglés.

7 Hobgoblin
PLANO U4 ■ Edif. Aoba Roppongi 1F, 3-16-33 Roppongi, Minato ■ 3568-1280 ■ www.hobgoblin.jp
Este *pub* inglés sirve cerveza ale de-cente y platos de *pub* británico, como salchichas con puré y *shepherd's pie*.

8 Gen Yamamoto
PLANO D6 ■ 1-6-4 Azabu-Juban, Minato ■ Cerrado: lunes ■ www.genyamamoto.jp
Pequeño bar con solo ocho asientos en la barra, conocido por servir los cócteles más creativos de Tokio. El menú de degustación mezcla frutas de temporada con buenos licores.

9 Cask Strength
PLANO D6 ■ 3-9-11 Roppongi, Minato ■ www.cask-s.com
Vale la pena visitar este bar, que dispone de whiskys locales y raros.

10 Codename Mixology
PLANO D5 ■ 3-14-3 Akasaka, Minato ■ 6459-1129
Interior elegante, luces tenues y cócteles innovadores definen a este bar de moda.

Interior de Codename Mixology

Dónde comer

1 Ninja Tokyo
PLANO D4 ■ 2-14-3 Nagatacho ■ www.ninja-tokyo.jp/home/home-en ■ ¥¥¥
Este divertido restaurante de temática *ninja*, decorado como una fortaleza feudal, sirve *kaiseki*.

2 Gonpachi
PLANO C6 ■ 1-13-11 Nishi-Azabu, Minato ■ www.gonpachi.jp/nishi-azabu ■ ¥¥
Está decorado como una taberna del periodo Edo y se usó en una escena del filme *Kill Bill*. La especialidad es el *sumiyaki* (brochetas a la brasa).

3 Fukuzushi
PLANO U5 ■ 6-5-24 Roppongi, Minato ■ 3402-4116 ■ ¥¥¥
Además de atún y calamar, este sencillo restaurante de *sushi* tiene delicias menos habituales, como sábalo y congrio.

4 Inakaya Roppongi
PLANO U4 ■ 3-14-7 Roppongi, Minato ■ 3408-5040 ■ ¥¥¥
Cocina *robatayaki* (a la parrilla) a la vieja usanza. Sirve todo tipo de carnes y otros platos.

5 Nodaiwa
PLANO V5 ■ 1-5-4 Higashiazabu, Minato ■ 3583-7852 ■ Cerrado: domingo ■ ¥¥
Pescados a la brasa de carbón con apetitosas salsas. Especializado en anguila salvaje.

6 Hassan
PLANO T4 ■ 6-1-20 Roppongi, Minato ■ 3403-8333 ■ ¥¥¥
La estrella es el bufé libre de *shabu-shabu*, finas lonchas de carne de vacuno cocidas en caldo.

7 Chinese Café Eight
PLANO T5 ■ Court Annexe, 3-2-12 Nishiazabu, Minato ■ www.en.cceight.com ■ ¥¥
Este café informal abierto las 24 horas atrae a una clientela joven. El pato Pekín y el *dim sum* son las especialidades.

8 Tofuya-Ukai
PLANO W5 ■ 4-4-13 Shibakoen, Minato ■ Cerrado: 3.er lunes de mes ■ www.ukai.co.jp/shiba ■ ¥¥¥
Excelente comida de estilo *kaiseki* con tofu e ingredientes de temporada en un bonito edificio de madera.

Jardín del restaurante Tofuya-Ukai

9 Ippudo
PLANO T4 ■ 4-9-11 Roppongi, Minato ■ 5775-7561 ■ ¥
Suele haber colas, pero vale la pena esperar por sus ramen. Se recomiendan los *soba* en una cremosa sopa de *tonkotsu* (hueso de cerdo) y las *gyoza* (empanadillas).

10 Brasserie Paul Bocuse Le Musée
PLANO T4 ■ 3F National Arts Center, 7-22-2 Roppongi, Minato ■ 5770-8161 ■ Cerrado: martes ■ ¥¥
Este estiloso restaurante, ubicado en el llamativo Centro Nacional de Arte, sirve cocina francesa ligera. El menú de almuerzo es sumamente popular.

Ver plano en p. 94

TOP10 Aoyama, Harajuku, y Shibuya

Omotesando-dori, el elegante bulevar que atraviesa Aoyama y Omotesando, es la calle de la moda de Tokio. Se nota un cambio de carácter a medida que Omotesando se aproxima a Harajuku y la Takeshita-dori, una calle llena de *boutiques prêt-à-porter*, puestos callejeros, locales de comida rápida y jóvenes. Las pantallas de vídeo gigantes caracterizan a Shibuya, repleto de grandes almacenes, discotecas, museos, galerías de arte y cafés.

Interior del Museo Nezu

① Museo Nezu

PLANO C6 ▪ 6-5-1 Minamiaoyama, Minato ▪ 3400-2536 ▪ Horario: 10.00-17.00 ma-do ▪ Se cobra entrada ▪ www.nezu-muse.or.jp

La familia del magnate y político Kaichiro Nezu, del periodo Meiji, fundó este museo tras su muerte. Algunos de los tejidos, lacados y objetos de cerámica son tan raros que están registrados como tesoros nacionales. El más famoso es el biombo con la pintura *Lirios*, de Ogata Korin.

AOYAMA, HARAJUKU Y SHIBUYA

① **Imprescindible**
ver pp. 100-103

① **Dónde comer**
ver p. 105

① **Moda y diseño**
ver p. 104

0 metros 600

SENDAGAYA
MEIJI-DORI
Parque Yoyogi
Harajuku TAKESHITA-DORI
Meiji-jingumae
JINGUMAE
GAIEN-NISHI-DORI AOYAMA-DORI Gaienmae
656 m
KITA-AOYAMA
OMOTESANDO-DORI
JINNAN
MEIJI-DORI
KOEN-DORI
INOKASHIRA-DORI
Omotesando
MINAMI-AOYAMA
GAIEN-NISHI-DORI
AOYAMA-DORI
KOTTO-DORI
UDAGAWACHO
CENTER GAI
SHIBUYA
SHOTO
SAKAE-DORI
MIYAMASU-ZAKA
KONNO-ZAKA
ROPPONGI-DORI
Shinsen
DOGEN-ZAKA
DOGEN-ZAKA
Shibuya
MEIJI-DORI
ROPPONGI-DORI
AUTOPISTA 3
NISSEKI-DORI
TAMAGAWA-DORI
HIGASHI

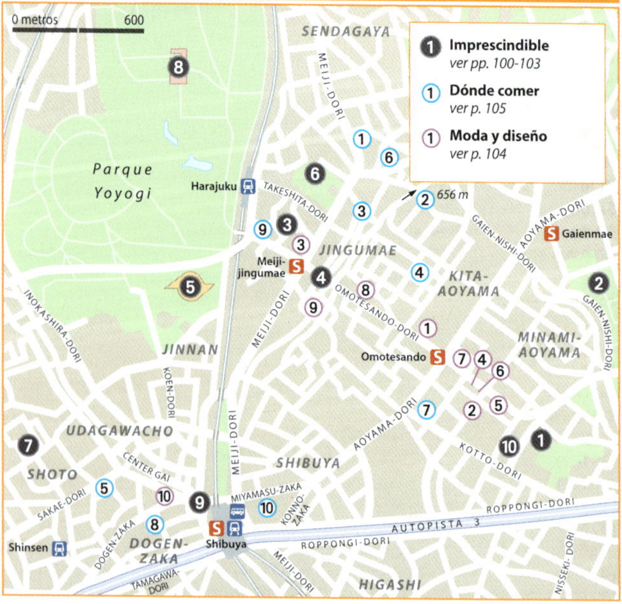

Imagen primaveral del cementerio de Aoyama, con los cerezos en flor

② Cementerio de Aoyama
PLANO C5 ▪ 2-32-2
Minamiaoyama, Minato

Aquí están las tumbas de John Manjiro, el primer japonés que fue a Estados Unidos en el siglo XIX, y el profesor Ueno, propietario del perro Hachiko, inmortalizado en el exterior de la estación de Shibuya. El primer cementerio público de Japón se viste de rosa cada primavera con la floración de los cerezos; mucha gente acude a los *hanami* (reuniones para ver las flores).

③ Museo Conmemorativo de Arte Ota
PLANO B5 ▪ 1-10-10 Jingumae, Shibuya ▪ 050-5541-8600 ▪ Horario: 10.30-17.30 ma-do ▪ Se cobra entrada ▪ www.ukiyoe-ota-muse.jp

Este excepcional museo posee la mejor colección de xilografías *ukiyo-e* de Tokio, unas 14.000. Los grandes nombres de este género –Hiroshige, Utamaro, Hokusai y Sharaku– están representados. Comenzó la colección Seizo Ota, un rico hombre de negocios que se dio cuenta de que las mejores obras se vendían a museos extranjeros.

④ Omotesando
PLANO R4

Aunque no se venga a comprar en las *boutiques* de diseñadores de moda, pasear por las calles arboladas de Omotesando es un placer, sobre todo por su excepcional colección de edificios contemporáneos. Hay obras de prácticamente todos los ganadores japoneses del prestigioso premio Pritzker, incluidos Tadao Ando (Omotesando Hills y Collezione), Kazuyo Sejima y Ryue Nishizawa, de SANAA (edificio Dior), y Toyo Ito (Tod's). También es un buen lugar para observar a la gente, en particular cerca de la estación de Harajuku.

De paseo por Omotesando

5 Gimnasio Nacional de Yoyogi

PLANO Q4 ■ 2-1-1 Jinnan, Shibuya ■ 3468-1171

Durante la ocupación (1945-1952), este recinto era un complejo residencial para personal estadounidense llamado Washington Heights. El Gobierno nipón solicitó su devolución y lo convirtió en villa olímpica para los Juegos de 1964. El arquitecto Kenzo Tange diseñó los tejados suspendidos de los pabellones del extremo sur, que siguen siendo modernos.

Gimnasio Nacional de Yoyogi

6 Takeshita-dori y santuario Togo

PLANO B5 ■ Jingumae 1, Shibuya

Los fines de semana, la estrecha Takeshita-dori es quizás el sitio más concurrido de la ciudad. Este punto de encuentro de la subcultura *kitsch* está lleno de puestos de comida para llevar como crepes, y tiendas de ropa, disfraces, peluches y complementos de lo más estrafalario. A poca distancia de esta calle están los tranquilos recintos del santuario Togo, dedicado al almirante Heihachiro Togo, que dirigió la derrota de la flota rusa en 1905. El lugar ofrece un reconfortante respiro de las multitudes que se dan cita en la Takeshita-dori.

7 Museo de Arte Toguri

PLANO A6 ■ 1-11-3 Shoto, Shibuya ■ 3465-0070 ■ Horario: 10.00-17.00 mi-do, 10.00-20.00 vi y sá ■ Se cobra entrada ■ www.toguri-museum.or.jp

Este pequeño museo, situado en una frondosa zona residencial, tiene una excepcional colección de porcelana oriental. En la sección japonesa hay bellas piezas de Imari y Nabeshima. La porcelana china es de las dinastías Tang, Song y posteriores. Las mejores piezas de la sección coreana son del periodo Goryeo.

8 Santuario Meiji Jingu

Una enorme puerta, la Ichi no Torii, da paso al recinto arbolado y a otros espacios del Meiji Jingu (ver pp. 30-31). Los árboles y los arbustos están plantados junto a los senderos de grava que llevan al santuario. Tras quedar reducido a cenizas en la Segunda Guerra Mundial, en 1958 se construyó una fiel reproducción del santuario original, dedicado al emperador Meiji, fallecido en 1912.

Visitantes ante el edificio principal del santuario Meiji Jingu

El concurrido cruce de Shibuya

 Cruce de Shibuya
PLANO Q6

La estación de Shibuya está en proceso de remodelación y en su lateral este se ha completado el complejo Shibuya Hikarie. Pero el elemento más famoso del lugar es el cruce situado en la esquina noroeste de la estación: el flujo incesante de personas rodeadas por el resplandor de los neones y las pantallas de vídeo es hipnótico. Frente a la estación, entre la multitud, hay una estatua y un mural dedicados al perro Hachiko.

EL ESTILO SHIBUYA

Shibuya es una de las mecas de la moda urbana. Muchas tendencias subculturales se han originado aquí. El emblemático edificio Shibuya 109, visible desde el cruce de Shibuya, concentra algunas de las marcas más consolidadas y las últimas tendencias. Un buen lugar para saber qué le gusta a la juventud nipona es Center Gai, un animado callejón cercano al cruce con tiendas populares, discotecas y comida rápida.

 Museo Conmemorativo Taro Okamoto

PLANO C6 ■ 6-1-19 Minamiaoyama, Minato ■ 3406-0801 ■ Horario: 10.00-18.00 mi-lu ■ Se cobra entrada ■ www.taro-okamoto.or.jp

El antiguo estudio del famoso artista Taro Okamoto (1911-1996), conocido como el Picasso japonés, es ahora un museo. Lo fundó en 1998 su hija adoptiva Toshiko y recrea el ambiente del taller del artista.

UN DÍA DE ARQUITECTURA

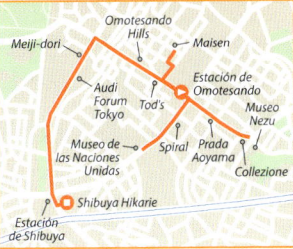

 MAÑANA

Al salir de la estación de Omotesando da un paseo por la Aoyama-dori hasta la Universidad de las Naciones Unidas, a la derecha, obra de Kenzo Tange. Regresa por el mismo camino hasta que veas **Spiral** *(ver p. 46)* a mano derecha. De vuelta en la intersección del metro sigue la calle que sale a la derecha hasta ver el perfil triangular de **Prada Aoyama** *(ver p. 51)*. Un poco más adelante está Collezione, obra del arquitecto autodidacta Tadao Ando. El **Museo Nezu** *(ver p. 100)*, de Kengo Kuma, está en el extremo sur de **Omotesando** *(ver p. 101)*. Vuelve a la zona de la estación y dirígete hacia el este de Omotesando hasta encontrar el restaurante de *tonkatsu* (chuletas de cerdo) **Maisen** *(ver p. 105)*.

TARDE

El tramo de Omotesando en dirección a la Meiji-dori alberga edificios impresionantes, como la sede de la marca de artículos de piel Tod's, diseñado por Toyo Ito, y **Omotesando Hills** *(ver p. 104)*, un complejo de tiendas de moda. Toma la Meiji-dori a la izquierda, un poco más adelante, se ven las secciones de vidrio y los ángulos de un edificio de 2008 llamado Iceberg que en su origen albergaba el Audi Forum. El recorrido acaba en la estación de Shibuya, que se halla en plena remodelación con nuevos edificios. Ya está terminado el Shibuya Hikarie, cuyo Sky Lobby, en la 11.ª planta, ofrece buenas vistas. Acaba el día cenando en d47 Shokudo.

Ver plano en p. 100 ←

Moda y diseño

1 Anniversaire Café
PLANO S5 ■ 3-5-30
Kitaaoyama, Minato ■ 5411-5988
Sentarse en la terraza no es barato, pero este café es el sitio para ver y dejarse ver.

2 BAPE Exclusive
PLANO S5 ■ 5-5-8
Minamiaoyama, Minato ■ 3407-2145
Bathing Ape (BAPE) es una de las tiendas de moda más originales de Tokio. Sus distintivos vaqueros y sudaderas atraen a una clientela entendida.

3 Laforet Harajuku
PLANO R4 ■ 1-11-6 Jingumae,
Shibuya ■ www.laforet.ne.jp
Los estilos alternativos de los cientos de tiendas de ropa y complementos atraen a los adolescentes. Un lugar ideal para observar las tendencias más juveniles.

4 Comme des Garçons
PLANO S5 ■ 5-2-1
Minamiaoyama, Minato ■ 3406-3951
Las ventanas curvadas y las paredes inclinadas dan pistas sobre el enfoque creativo de la principal tienda de moda de Rei Kawakubo.

Interior de Comme des Garçons

5 Undercover
PLANO S5 ■ Edif. Bleu Cinq
Point, 5-3-22 Minamiaoyama, Minato
■ www.undercoverism.com
Esta tienda, creación del músico punk Jun Takahashi, vende moda urbana joven.

Fachada de Prada Aoyama

6 Prada Aoyama
PLANO S5 ■ 5-2-6
Minamiaoyama, Minato ■ 6418-0400
La elegancia y la calidad de los productos de Prada quedan casi eclipsadas por su asombroso edificio.

7 Homme Plisse Issey Miyake
PLANO S5 ■ 3-18-14 Minamiaoyama,
Minato ■ 3423-1408
La principal tienda de moda masculina de la marca presenta con estilo su original visión de la moda.

8 Omotesando Hills
PLANO R4 ■ 4-12-10 Jingumae,
Shibuya ■ www.omotesandohills.com
Boutiques como Jimmy Choo y tiendas especializadas como e.m. jewelry compiten con otras marcas.

9 Cat Street
PLANO B5 ■ Omotesando, Minato
Esta tranquila calle alberga una fascinante selección de *boutiques* provocadoras, cafés estilosos y restaurantes modestos.

10 Edificio Shibuya 109
PLANO B6 ■ 2-29-1 Dogenzaka,
Shibuya ■ www.shibuya109.jp
La ropa vanguardista que se vende en este edificio cilíndrico anuncia las futuras tendencias de la moda.

Dónde comer

> **PRECIOS**
> Una cena con una bebida incluida. Los menús de almuerzo suelen ser más económicos
>
> ¥ menos de 3.000 ¥   ¥¥ 3.000 ¥–8.000 ¥
> ¥¥¥ más de 8.000 ¥

1 Fonda de la Madrugada
PLANO B5 ▪ Villa Bianca B1F, 2-33-12 Jingumae, Shibuya ▪ 5410-6288 ▪ ¥¥
Esta cantina mexicana ofrece enchiladas, chiles rellenos y tortillas.

2 Den
PLANO C5 ▪ 2-3-18 Jingumae, Shibuya ▪ Cerrado: domingo ▪ www.jimbochoden.com ▪ ¥¥¥
La cocina creativa japonesa de Den (ver p. 62) no es de este mundo. Se recomienda dejarse sorprender por las *omakase* (sugerencias del chef).

3 Sakura Tei
PLANO B5 ▪ 3-20-1 Jingumae, Shibuya ▪ www.sakuratei.co.jp ▪ ¥
Este colorido local de la Design Festa es especialista en *okonomiyaki*, crepes rellenos de carne, verduras y marisco.

4 Maisen
PLANO S4 ▪ 4-8-5 Jingumae, Shibuya ▪ 050-3188-5802 ▪ ¥¥
Las *tonkatsu* (chuletas de cerdo empanadas y fritas) son la especialidad de esta sucursal de una conocida cadena.

5 Gyossantei
PLANO A6 ▪ Edificio Fontis, 2-23-12 Dogenzaka, Shibuya ▪ 5489-6350 ▪ Cerrado: domingo ▪ ¥¥
El acogedor local sirve cocina regional de la prefectura de Miyazaki y platos de Kyushu.

6 Mominoki House
PLANO B5 ▪ 2-18-5 Jingumae, Shibuya ▪ 3405-9144 ▪ ¥¥
Este restaurante sirve sobre todo sanos platos vegetarianos, aunque también

ofrece platos de venado y pescado. En su preparación solo se usan ingredientes orgánicos y agua ionizada.

7 Ghungroo
PLANO S5 ▪ Edificio Seinan, 5-9-6 Minamiaoyama, Minato ▪ 3406-0464 ▪ ¥¥
Está por encima de muchos otros restaurantes indios de Tokio y debe su reputación a una deliciosa cocina hecha con especias tradicionales y servida en un elegante entorno.

8 Maruhachi
PLANO B6 ▪ 2-10-12 Dogenzaka, Shibuya ▪ 3476-5739 ▪ ¥¥
Este acogedor *izakaya* tiene una carta ecléctica que abarca desde los sabores de Okinawa hasta el pollo *jerk*, así como un extenso surtido de *shochu* del 20 al 25% de alcohol.

9 Jangara Ramen
PLANO Q4 ▪ 1-13-21 Jingumae, Shibuya ▪ 3404-5572 ▪ ¥
Los *ramen* en sopa de *tonkotsu* (hueso de cerdo) son el mejor plato de estilo Kyushu de la carta.

Ramen tonkotsu de Jangara Ramen

10 d47 SHOKUDO
PLANO B6 ▪ Shibuya Hikarie 8F, 2-21-1 Shibuya, Shibuya ▪ www.hikarie8.com ▪ ¥
La extensa carta de este local de moda incluye platos regionales y bebidas de las 47 prefecturas de Japón, una oportunidad para viajar por el país mediante el gusto. La carta cambia cada mes.

Ver plano en p. 100 →

TOP10 Shinjuku

Shinjuku parece una ciudad por sí misma, con sus grandes parques, estaciones ferroviarias, centros comerciales y grandes almacenes. Las líneas férreas dividen la zona en dos partes. Las largas avenidas de la parte oeste albergan oficinas, tiendas y rascacielos experimentales. La parte este es un legado de la década de 1960, cuando el barrio bohemio atraía a artistas, literatos y activistas políticos. Aunque hay elementos culturales en ambas partes, el este de Shinjuku parece más hedonista, con sus luces de neón y su barrio chino.

Luces de neón en Kabukicho

1 Kabukicho
PLANO B3 ▪ Kabukicho, Shinjuku

En Kabukicho siguen los revendedores y los locales para adultos que lo convirtieron en el barrio de peor fama de Tokio, pero hoy se han integrado entre un variado conjunto de bares, restaurantes, salas de música en directo, discotecas y luces de neón. La zona cobra vida al llegar la noche.

SHINJUKU

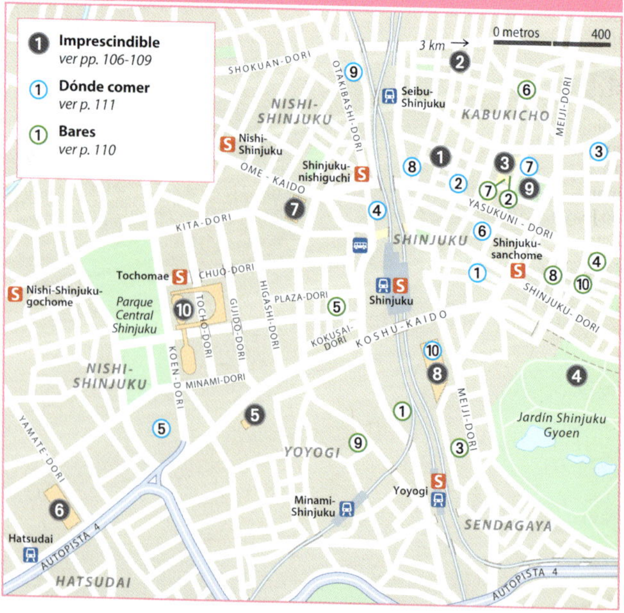

- **❶ Imprescindible**
  ver pp. 106-109
- **① Dónde comer**
  ver p. 111
- **① Bares**
  ver p. 110

2 Museo Yayoi Kusama
PLANO C3 ▪ 107 Bentencho, Shinjuku ▪ Horario: 11.00-17.30 ju-do ▪ Se cobra entrada ▪ www.yayoi kusamamuseum.jp

Este museo, oculto a las afueras de Shinjuku, está dedicado a la reina japonesa de la vanguardia, Yayoi Kusama. Fundado por ella misma en 2017, expone piezas relevantes desde sus inicios hasta la actualidad, incluidas sus famosas calabazas y una versión de la emblemática instalación *Jardín de narcisos*. El museo acoge dos exposiciones cada año, además de una serie de eventos y conferencias sobre arte contemporáneo muy populares, por lo que es esencial reservar.

3 Golden Gai
PLANO B3 ▪ Kabukichi 1-chome area, Shinjuku

Un laberinto de más de 200 bares diminutos se extiende por las cuatro vías peatonales de Golden Gai. Los bares, que datan de la Segunda Guerra Mundial, son populares entre los oficinistas locales, aunque también los frecuentan escritores, luchadores de sumo y travestis. Muchos cobran una tarifa de 1.000 ¥ solo por sentarse.

4 Shinjuku Gyoen
PLANO B4 ▪ 11 Naitomachi, Shinjuku ▪ 3350-0151 ▪ Horario: med mar-sep: 9.00-17.30 ma-do (hasta las 18.30 jul-ago y las 16.00 oct-med mar) ▪ Se cobra entrada ▪ www.env. go.jp/garden/shinjukugyoen

Este gran parque, que formaba parte del feudo del clan Naito y, se convirtió en retiro imperial en 1906.

Ahora está abierto al público y alberga jardines japoneses, franceses e ingleses, un invernadero y una casa de té tradicional. Se ha demostrado que el parque suele estar un mínimo de dos grados más fresco que el área circundante.

Museo del Traje Bunka Gakuen

5 Museo del Traje Bunka Gakuen
PLANO A4 ▪ 3-22-7 Yoyogi, Shibuya ▪ Horario: 10.00-16.30 lu-sá ▪ Se cobra entrada ▪ www.museum. bunka.ac.jp

Este extraordinario museo forma parte de la Universidad Bunka Gakuen, una escuela de diseño de moda. Su colección histórica, de la que solo se expone una parte, va desde los elaborados kimonos de 12 capas del periodo Heian hasta el vestuario del teatro *noh*. Los diseños más modernos incluyen la versión nipona de los Swinging Sixties. Varias ilustraciones muestran los atuendos de los japoneses a través de los siglos.

Shinjuku Gyoen

⑥ NTT InterCommunication Center

PLANO A4 ▪ Torre Tokyo Opera City, 4F, 3-20-2 Nishishinjuku, Shinjuku ▪ Horario: 11.00-18.00 ma-do ▪ www.ntticc.or.jp

Este centro, que forma parte del complejo laboral y cultural Tokyo Opera City, ofrece fascinantes exposiciones que muestran los vínculos entre tecnología y creatividad. Gestionado por el gigante de las telecomunicaciones NTT, las instalaciones permanentes y temporales, el videoarte y las muestras interactivas exploran las conexiones entre arte, diseño de medios y tecnología. La excelente videoteca posee filmes experimentales y vídeos de artistas de vanguardia como Steina Vasulka y Nam June Paik.

Girasoles, de Van Gogh, en el Museo de Arte Sompo

⑦ Museo de Arte Sompo

PLANO A3 ▪ Edificio Sompo Japan, 42F, 1-26-1 Nishishinjuku, Shinjuku ▪ Horario: 10.00-18.00 ma-do ▪ Se cobra entrada ▪ www.sompo-museum.org

Este museo se fundó en 1976 para mostrar las obras de Seiji Togo (1897-1978), un artista cuyas imágenes, principalmente de mujeres, mezclan *art déco,* cubismo y animación japonesa. También hay pinturas de artistas europeos como Gauguin y Cézanne. La compañía de seguros propietaria del edificio fue noticia en la burbuja económica japonesa de la década de 1980, cuando compró el cuadro *Girasoles* de Van Gogh por 5.000 millones de yenes.

⑧ Takashimaya Times Square

PLANO B4 ▪ 5-24-2 Sendagaya, Shibuya ▪ Horario: 10.30-19.30 todos los días (restaurantes hasta las 23.00) ▪ www.takashimaya-global.com

Estos grandes almacenes de 15 plantas tienen artículos para todos los públicos. Aparte de los departamentos de moda y complementos, los restaurantes, las cafeterías y la surtida sección de alimentación, albergan una sucursal de Tokyu Hands, una fascinante tienda de manualidades y bricolaje. Tiene especial interés para los extranjeros

NTT InterCommunication Center

la sucursal de Kinokuniya, una gran librería con una planta dedicada a los libros en otros idiomas.

9 Santuario Hanazono
PLANO B3 ■ 5-17-3 Shinjuku, Shinjuku ■ 3209-5265

Este santuario con pilares naranjas y muros rojos ha sido reconstruido varias veces desde su fundación, en el siglo XVI. Lo preside la deidad Takeru Yamato, un príncipe legendario. Los devotos acuden a pedir buena suerte. Hileras de faroles de papel rojos y blancos iluminan las entradas por la noche.

El imponente edificio del Gobierno Metropolitano de Tokio

10 Sede del Gobierno Metropolitano de Tokio
PLANO A4 ■ 2-8-1 Nishishinjuku, Shinjuku ■ Horario: 9.30-22.30 lu-vi ■ www.metro.tokyo.lg.jp

El edificio del Gobierno Metropolitano de Tokio (Tocho), diseñado por Kenzo Tange, forma parte de un conjunto de rascacielos que han sido descritos como un pequeño Manhattan y como una hilera de lápidas. Las torres gemelas, de 48 plantas, tienen miradores a los que se accede en ascensores. Las vistas de 360° desde arriba son espectaculares.

UN DÍA EN EL ESTE DE SHINJUKU

▶ **MAÑANA**

Desde la salida sur de la estación Shinjuku camina hasta **Shinjuku Gyoen** (ver p. 107), un espacioso jardín donde puedes pasar la mañana entera. Otra opción es ir a los grandes almacenes **Takashimaya Times Square** (ver p. 108); en la 12.ª planta está Donatello's que sirve buenos helados italianos y café. Da un corto paseo por la Meiji-dori hasta la esquina con la Shinjuku-dori, donde están los grandes almacenes Isetan; en la 6.ª planta está la Galería de Arte Isetan, con las últimas tendencias de la cerámica, el grabado y otras artes niponas. Sube por la Shinjuku-dori y gira a la izquierda por la calle que lleva a **Tsunahachi** (ver p. 111), un restaurante tradicional que sirve menús de tempura a precios moderados.

TARDE

Sigue rumbo al norte hasta llegar a las puertas del **santuario Hanazono,** cuyo recinto linda con Golden Gai (ver p. 107), una zona de bares que suele estar vacía a esta hora. Al lado también se encuentra **Kabukicho** (ver p. 106) y si tomas cualquier calle hacia el norte llegas a la Okubo-dori, la calle principal de Shin-Okubo. Este barrio alberga muchos templos y santuarios pequeños, así como iglesias cristianas para la comunidad coreana. Cena temprano en uno de los excelentes restaurantes de Shin-Okubo antes de regresar a los bares de Golden Gai.

Ver plano en p. 106 ←

Bares

① Petit Delirium
PLANO V3 ▪ Shinjuku Southern
Terrace, 2-2-1 Yoyogi, Shibuya
▪ 6300-0807
Este acogedor bar belga tiene un
gran surtido de cervezas en botella
y de barril, y buena comida.

② Albatross G
PLANO V2 ▪ 2F, 5.ª avenida,
1-1-7 Kabukicho, Shinjuku ▪ 3203-
3699 ▪ Se cobra entrada ▪ www.
alba-s.com/#/f2
La larga barra, el espacio generoso y los
500 yenes de asiento distinguen a este
bar de los apretados locales de Golden Gai.

Barman de Watering Hole

③ Watering Hole
PLANO V3 ▪ 5-26-5 Sendagaya,
Shibuya ▪ 6380-6115
Este agradable bar cercano al jardín
Shinjuku Gyoen tiene 21 cervezas
artesanales de barril, el mejor surtido
de Shinjuku.

④ Aiiro Café
PLANO W3 ▪ Edif. 7.ª Tenka,
1F, 2-18-1 Shinjuku, Shinjuku
▪ 6273-0740
El popular café-bar al aire libre está
en Shinjuku ni-chome, una zona con

más de 500 locales LGTBIQ+.
La clientela es mixta, aunque
mayoritariamente gay.

⑤ Ben Fiddich
PLANO U3 ▪ 1-13-7
Nishishinjuku, Shinjuku ▪ 6258-0309
El bar de Hiroyasu Kayama parece
anticuado, pero sus cócteles son de
lo más creativo.

**⑥ Roof Top Bar &
Terrace G**
PLANO W2 ▪ 2-14-5 Kabukicho,
Shinjuku ▪ www.granbellhotel.jp
La selección de bebidas es bastante
estándar, pero las vistas desde este
bar del Grandbell Hotel Shinjuku son
impresionantes.

⑦ Bar Plastic Model
PLANO V2 ▪ 1-1-10 Kabukicho,
Shinjuku ▪ 5273-8441 ▪ Se cobra entrada
La música de los ochenta suena de
fondo en el Plastic Model, uno
de los bares temáticos más
contemporáneos de Golden Gai.

⑧ 8bitcafe
PLANO W2 ▪ 3-8-9 Shinjuku,
Shinjuku ▪ 3358-0407
Este agradable local, popular entre
los *gamers*, tiene cócteles con
nombres de personajes de
videojuegos. También hay máquinas
retro para poder jugar mientras se
bebe.

⑨ Spincoaster
PLANO U3 ▪ 2-26-2 Yoyogi,
Shibuya ▪ 6300-9211
Ubicado entre las estaciones de
Shinjuku y Yoyogi, este bar ofrece música
ecléctica en vinilo con un sistema de
sonido de última generación.

⑩ Bar Gold Finger
PLANO W3 ▪ 2-12-11 Shinjuku,
Shinjuku ▪ 6383-4649
Popular entre la comunidad LGTBIQ+
de Shinjuku ni-chome, la famosa
zona gay de Tokio. Los sábados son
solo para mujeres.

Dónde comer

PRECIOS
Una cena con una bebida incluida. Los menús de almuerzo suelen ser más económicos.
....
¥ menos de 3.000 ¥   ¥¥ 3.000 ¥–8.000 ¥
¥¥¥ más de 8.000 ¥

Elegante comedor de New York Grill

1  **Tsunahachi**
PLANO V2 ■ 3-31-8 Shinjuku, Shinjuku ■ 3352-1012 ■ ¥¥
Grandes raciones de tempura a buen precio servidas en un edificio anterior a la guerra.

2 **Tokaien**
PLANO V2 ■ 1-6-3 Kabukicho, Shinjuku ■ 3200-2934 ■ ¥¥
En nueve plantas, Tokaien ofrece excelente *yakiniku* (barbacoa coreana). En la sexta planta hay un bufé libre.

3 **Sansar**
PLANO W2 ■ 6-13-8 Shinjuku, Shinjuku ■ 3354-8553 ■ ¥¥
Un amable personal nepalí sirve un surtido estándar de platos indios y especialidades nepalíes deliciosas.

4 **Omoide-Yokocho**
PLANO V2 ■ Nishishinjuku 1-chome area, Shinjuku ■ ¥¥
Este ambientado laberinto de calles está lleno de bares y olorosos puestos de *yakitori* y fideos.

Puestos de comida en Omoide-Yokocho

5 **New York Grill**
PLANO T3 ■ Park Hyatt Hotel, 52F, 3-7-12 Nishishinjuku, Shinjuku ■ 5323-3458 ■ ¥¥¥
Este restaurante, una de las mejores parrillas de Tokio, sirve un amplio surtido de carnes y mariscos.

6 **Tavolo di Fiori**
PLANO V2 ■ 3-16-13 Shinjuku, Shinjuku ■ 3354-3790 ■ ¥¥
El simpático personal de esta *trattoria* tradicional sirve deliciosa cocina toscana.

7 **Youichi**
PLANO W2 ■ 2-8-12 Kabukicho, Shinjuku ■ 6457-6929 ■ ¥¥
Local especializado en *jingisukan* (o Gengis Kan), un plato de cordero y verduras asados en sartén.

8 **Ban Thai**
PLANO V2 ■ Edificio Dai-chi Metro, 3F, 1-23-14 Kabukicho, Shinjuku ■ 3207-0068 ■ ¥¥
Este popular restaurante fue unos de los primeros tailandeses de Tokio.

9 **Menya Musashi**
PLANO U3 ■ Edificio K1, 1F, 7-2-6 Nishishinjuku, Shinjuku ■ www.menya634.co.jp ■ ¥
Está considerado uno de los mejores locales de *ramen* de Tokio.

10 **Imahan**
PLANO Q2 ■ Edificio Times Square, 14F, 5-24-2 Sendagaya, Shibuya ■ 5361-1871 ■ ¥¥
Restaurante conocido por sus generosas raciones de *sukiyaki* (lonchas de carne con verduras) y *shabu-shabu*.

Ver plano en p. 106

🔟 Las afueras

Durante más de 400 años, todos los caminos han llevado a la ciudad hoy conocida como Tokio, eje político, comercial y cultural de Japón. A lo largo de esos caminos se han construido puertos, puestos comerciales, templos, mausoleos y centros turísticos. Así han penetrado en la ciudad las ideas sobre arquitectura, religión y jardinería. Los excelentes trenes facilitan la exploración más allá de la megalópolis; para ver los lugares de interés en los límites de la ciudad, el metro no tiene rival. Las suntuosas tumbas de Nikko, la antigua ciudad de Kamakura y Kawagoe invocan el pasado. Escalar el monte Fuji o el Takao es muy gratificante, igual que recorrer Yokohama, la segunda mayor ciudad de Japón.

Templo Naritasan Shinsho-ji

LAS AFUERAS

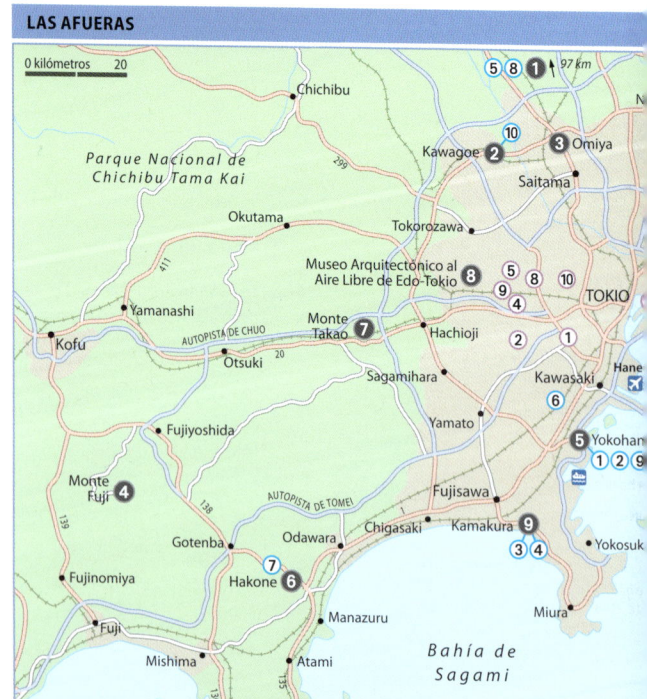

Detalle de las tallas de madera del santuario Toshogu, en Nikko

① Nikko

MAPA B1 ▪ Nikko, prefectura
de Tochigi ▪ Línea Tobu desde Asakusa
▪ Santuario Toshogu ▪ Horario: 9.00-
17.00 todos los días (hasta las 16.00
nov-mar) ▪ Se cobra entrada

Los opulentos templos, el arte religioso, los almacenes sagrados y las tumbas de Nikko son más rococó que zen. El santuario Toshogu, elegido en 1617 última morada del sogún Ieyasu, es un complejo de edificios y mausoleos. Se accede por una avenida arbolada que lleva al templo Rinno-ji, con una estatua de Kannon y una pagoda de cinco pisos. La puerta Yomei-mon del santuario Toshogu está finamente pintada y tallada. Un camino entre árboles lleva a la tumba de Ieyasu.

② Kawagoe

MAPA B1 ▪ Kawagoe,
prefectura de Saitama ▪ Línea Tobu
Tojo desde Ikebukuro

Conocida como la Pequeña Edo, Kawagoe abastecía de productos a Edo. Hoy su principal atractivo es su calle principal, Ichiban-gai. Muchos almacenes tradicionales se han convertido en tiendas, galerías y museos. Yamawa, una tienda de cerámica situada en uno de los edificios, es un buen ejemplo de arquitectura a prueba de incendios. El campanario de madera Toki no Kane se ha convertido en un símbolo de la ciudad.

③ Museo del Ferrocarril

MAPA B1 ▪ Líneas JR desde Ueno
▪ Horario: 10.00-17.00 mi-lu ▪ Se cobra
entrada ▪ www.railway-museum.jp/e

Este museo interactivo (ver p. 54) de Omiya traza la historia del ferrocarril japonés a través de unos 30 vagones y locomotoras. Los visitantes pueden simular que conducen un *shinkansen* (tren bala).

① **Imprescindible**
ver pp. 113-115

① **Restaurantes**
ver p. 117

① **Y además…**
ver p. 116

Museo del Ferrocarril

4 Monte Fuji y Kawaguchi-ko

MAPA A2 ▪ **Autobús exprés Keio desde la estación Shinjuku**

El sagrado Fuji-san, el pico más alto de Japón, es ideal para hacer una excursión, sobre todo con buen tiempo, aunque también se puede contemplar desde los lagos situados al norte. El más cercano es el Kawaguchi-ko, que cuenta con una gran variedad de alojamientos y un teleférico al mirador del monte Fuji.

Vista del monte Fuji desde un lago

5 Yokohama

MAPA B2 ▪ **Yokohama** ▪ **Línea JR Tokaido desde Tokio; metro Tokyu Toyoko y Minato Mirai desde Shibuya**

Este crucial asentamiento y puerto del periodo Meiji alberga el complejo Minato Mirai, con un museo de arte, un parque de atracciones, tiendas y el segundo edificio más alto de Japón, la Landmark Tower. Cerca está atracado un bello clíper antiguo, el Nippon Maru. Otros lugares de interés son los restaurantes y los comercios de Chinatown, los museos, los antiguos edificios de aduanas y el Sankei-en, el bello jardín japonés.

6 Hakone

MAPA A2 ▪ **Autobús exprés Odakyu desde Shinjuku; línea Odakyu desde Shinjuku**

La agradable ruta de montaña del ferrocarril Hakone Tozan parte de Hakone-Yumato, una localidad con aguas termales. Se puede bajar en Miyanoshita para tomar un té en el hotel Fujiya *(ver p. 133)*. Más arriba,

(ver p. 38)

ORIENTE SE ABRE A OCCIDENTE

En 1853, el comodoro Perry fondeó sus naves en la bahía de Edo *(ver p. 38)* para entablar relaciones comerciales y diplomáticas con Japón. El intercambio de regalos ritual –una campana de bronce y una tetera por parte de Japón y un telégrafo y una cámara de daguerrotipos por parte de los visitantes– demostró que Japón vivía al margen del progreso.

el Museo al Aire Libre de Hakone muestra esculturas de Rodin y Henry Moore. La ruta termina en Gora, de donde salen un funicular y un teleférico al lago Ashi; a medio trayecto está el valle volcánico de Owakudani.

7 Monte Takao

MAPA B2 ▪ **Línea Keio desde la estación Shinjuku** ▪ **www.takaosan-onsen.jp**

Este monte, más fácil de escalar que el Fuji, cuenta con senderos marcados, un teleférico y telesillas. Cerca de la cumbre está el Yakuo-in, un templo del siglo VIII que acoge un festival del fuego el segundo domingo de marzo. La estación ferroviaria, diseñada por Kengo Kuma, tiene unos baños al aire libre para relajarse tras la ascensión.

8 Museo Arquitectónico al Aire Libre de Edo-Tokio

MAPA B1 ▪ **3-7-1 Sakuracho, Koganai** ▪ **Musashi Koganei, línea Chuo** ▪ **Horario: abr-sep: 9.30-17.30 ma-sá; oct-mar: 9.30-16.30 ma-do** ▪ **Se cobra entrada** ▪ **www.tatemonoen.jp**

Varios edificios representativos de Tokio durante los periodos Edo, Meiji

El fascinante Museo Arquitectónico al Aire Libre de Edo-Tokio

y posteriores se han desmontado, transportado y vuelto a montar en este museo al aire libre, sucursal del Museo de Edo-Tokio de Ryogoku. Las casas de labor, villas, edificios públicos y baños se muestran en el parque Koganei.

Daibutsu de Kamakura

⑨ Kamakura
MAPA B2 ■ Línea JR Yokosuka desde Tokio, Shimbashi, Shinagawa

Esta ciudad costera, capital del sogunato de 1192 a 1333, tiene santuarios, jardines y una estatua del Daibutsu (Gran Buda). De sus dos estaciones, la de Kita-Kamakura está cerca del templo Engaku-ji y de los jardines del templo Meigetsu-in. La de Kamakura está cerca de las tiendas de comida y artesanía de las calles Wakamiya-oji y Komachi, y del santuario Tsurugaoka Hachiman-gu.

⑩ Templo Naritasan Shinsho-ji
MAPA B1 ■ Líneas JR o Keisei desde Ueno ■ www.naritasan.or.jp

Este bello templo budista, fundado en 940, se encuentra en un extenso recinto cercano al aeropuerto de Narita. El gran complejo es un popular lugar de peregrinación al que se llega por una atractiva calle llena de tiendas de artesanía tradicional y restaurantes especializados en *unagi* (anguila).

DOS DÍAS EN KAMAKURA

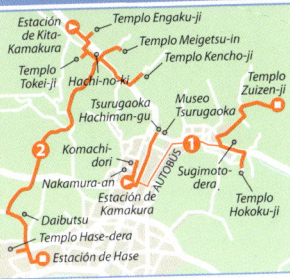

▶ DÍA 1

Al salir de la estación de **Kamakura** toma Komachi-dori, una calle llena de cafés y tiendas, y la Wakamiya-oji, donde se venden productos locales. Al final de esta calle está el Tsurugaoka Hachiman-gu, el principal santuario de la ciudad, dedicado al dios de la guerra. A la izquierda de la entrada está el Museo Tsurugaoka. Para a comer unos buenos fideos en la Nakamura-an, una callejuela entre la Wakamiya-oji y la Komachi-dori. Después toma el autobús 5 desde la estación al Sugimoto-dera, el templo más antiguo de la zona. Al otro lado de la calle, el pabellón del Hokoku-ji es ideal para tomar un té. Cerca está el Zuizen-ji, un templo zen con un jardín del siglo XIV.

DÍA 2

Desde la estación de Kita-Kamakura pasea hasta el templo Engaku-ji. Camina por un puente sobre la línea férrea hacia el templo Tokei-ji. Cruza de nuevo, al sur se halla el Meigetsu-in. Más al sur por la misma calle se ve la puerta de madera del templo Kencho-ji. Al lado está Hachi-no-ki Honten, que sirve *shojin ryori* (cocina vegetariana budista). Vuelve sobre tus pasos hasta una señal de sendero. Gira a la izquierda hacia la estatua del Daibutsu. Sigue el camino hasta el templo Hase-dera, con vistas de la bahía y la ciudad. Toma la línea Enoden desde la cercana **estación de Hase** hasta la de Kamakura.

Ver mapa en pp. 112-113 ←

Y además...

1 Museo Gotoh
MAPA C2 ▪ 3-9-25 Kaminoge, Setagaya ▪ Horario: 10.00-17.00 ma-do ▪ Se cobra entrada ▪ www.gotoh-museum.or.jp
Colección privada de caligrafía budista, pintura y pergaminos raros.

2 Nihon Minka-en
MAPA B2 ▪ 7-1-1 Masugata, Kawasaki ▪ Horario: mar-oct: 9.30-17.00; nov-feb: 9.30-16.30 ▪ Se cobra entrada ▪ www.nihonminkaen.jp
Casas de labor, tiendas, herramientas y utensilios domésticos componen este museo al aire libre.

3 Tokyo Disney Resort®
MAPA B2 ▪ 1-1 Maihama, Urayasu, prefectura de Chiba ▪ Horario variable, consultar web ▪ Se cobra entrada ▪ www.tokyodisneyresort.jp
A los niños les encantan las atracciones de Disneyland® y DisneySea®.

4 Templo Jindai-ji
MAPA A1 ▪ 5-15-1 Jindaijimotomachi, Chofu ▪ www.jindaiji.or.jp
Este templo, situado en un entorno natural que no parece tokiota, alberga un valioso buda de bronce del siglo VII. El cercano jardín botánico de Jindai, con unas 5.000 variedades de rosas, es un lugar espectacular.

5 Parque Inokashira
MAPA B2 ▪ 1-18-31 Gotenyama, Musashino
Lugar popular a principios de abril, en la floración de los cerezos. Los fines de semana toman sus senderos artistas callejeros y puestos de comida.

Barcas en el parque Inokashira

6 Shibamata
MAPA B1
En este vecindario del este de Tokio se rodó la serie de filmes *Otoko wa Tsurai Yo (Es duro ser un hombre)*. Tiene un encanto retro y su calle principal lleva al templo Taishakuten.

7 Museo de Arte Contemporáneo (MOT)
MAPA C2 ▪ 4-1-1 Miyoshi, Koto ▪ 5633-5860 ▪ Horario: 10.00-18.00 ma-do ▪ Se cobra entrada ▪ www. mot-art-museum.jp
Este museo moderno y grande, cercano al parque Kiba, expone arte nipón y extranjero posterior a 1945.

8 Museo de Animación de Suginami
MAPA B1 ▪ 3-29-5 Kamiogi, Suginami ▪ 3396-1510 ▪ Horario: 10.00-18.00 ma-do ▪ www.sam.or.jp
Los niños y los aficionados a la animación japonesa disfrutan en este museo gratuito, dedicado a la historia del anime y de sus personajes más queridos.

9 Museo Ghibli
MAPA B1 ▪ 1-1-83 Shimorenjaku, Mitaka ▪ Horario: 10.00-18.00 mi-lu ▪ Se cobra entrada (solo con antelación) ▪ www.ghibli-museum.jp
Atrae a admiradores de la obra del animador Hayao Miyazaki.

10 Nakano
MAPA C1
Nakano, a tres paradas de Shinjuku en la línea Chuo, es conocido por su zona comercial de los años sesenta, con tiendas de anime y manga.

Restaurantes

PRECIOS

Una cena con una bebida incluida. Los menús de almuerzo suelen ser más económicos.

....

¥ menos de 3.000 ¥   ¥¥ 3.000 ¥–8.000 ¥
¥¥¥ más de 8.000 ¥

1 Heichinro Yokohama Honten

MAPA B2 ▪ 149 Yamashitacho, Naka, Yokohama ▪ 045-681-3001 ▪ ¥¥

Está en el barrio de Chinatown y es el restaurante chino más antiguo de Yokohama. Ofrece delicioso *dim sum* y un servicio impecable.

2 Mutekiro

MAPA B2 ▪ 2-96 Motomachi, Naka, Yokohama ▪ 045-681-2926 ▪ Horario variable, llamar antes ▪ ¥¥¥

La exquisita cocina francesa (con un poco de pompa añadida) es el mayor atractivo de este restaurante ubicado en el moderno barrio de Motomachi. Ideal para una cena romántica.

3 Matsubara-an

MAPA B2 ▪ 4-10-3 Yuigahama, Kamakura ▪ 0467-61-3838 ▪ ¥¥

Buenos fideos *soba* y otros platos servidos en una bonita casa de madera en un tranquilo rincón de Kamakura. Con buen tiempo hay mesas en el jardín.

4 Gentoan

MAPA B2 ▪ 823 Yamanouchi, Kamakura ▪ Cerrado: lunes ▪ www.gentouan.jp ▪ ¥¥¥

Tras la atractiva entrada de piedra de Gentoan esperan platos de *kaiseki ryori* tan bien presentados que parece un crimen devorarlos.

5 Meguri

MAPA B1 ▪ 909-1 Nakahatsuishi-machi, Nikko ▪ 0288-25-3122 ▪ Cerrado: jueves ▪ ¥

Hay que llegar a la hora de la apertura para asegurarse uno de los deliciosos almuerzos vegetarianos que sirve este rústico café de la calle principal de Nikko.

6 Museo del ramen Shin-Yokohama

MAPA B2 ▪ 2-14-21 Shin-Yokohama, Kohoku ▪ 045-471-0503 ▪ ¥

La historia de los fideos japoneses queda eclipsada por el restaurante del sótano, que sirve los mejores ramen de Hokkaido a Kyushu.

Restaurante del Fujiya Hotel

7 Fujiya Hotel

MAPA A2 ▪ 359 Miyanoshita, Hakone ▪ www.fujiyahotel.jp ▪ ¥¥¥

El personal, ataviado con delantal, sirve deliciosos platos occidentales en un comedor que ha cambiado poco desde que abrió el hotel, en 1878.

8 Gyoshintei

MAPA B1 ▪ 2339-1 Sannai, Nikko ▪ www.meiji-yakata.com/en/gyoshin ▪ ¥¥

Platos vegetarianos budistas y *kaiseki ryori* con vistas a un entorno natural lleno de musgo y pinos.

9 Bashamichi Taproom

MAPA B2 ▪ 5-63-1 Sumiyoshicho, Naka, Yokohama ▪ www.bairdbeer.com/taprooms/bashamichi ▪ ¥¥

Barbacoa de estilo estadounidense. Carnes ahumadas y cocinadas lentamente en brasas de cerezo.

10 Ichinoya

MAPA B2 ▪ 1-18-10 Matsuecho, Kawagoe ▪ 049-222-0354 ▪ ¥¥

Tradicionales platos de anguila, especialidad de Kawagoe, servidos con arroz, sopa de miso y encurtidos.

Ver mapa en pp. 112-113 ←

Datos útiles

Colorida calle del barrio de
Kabukicho, en Shinjuku

Cómo llegar y moverse

Llegada en avión

Muchas aerolíneas internacionales vuelan al **aeropuerto internacional de Narita**, a 66 km al este de Tokio. El **aeropuerto de Haneda**, situado a 20 km al sur de Tokio, recibe cada vez más vuelos internacionales. La compañía española **Iberia** opera tres vuelos directos entre Madrid y Tokio a la semana.

El medio más rápido para ir de Narita a Tokio es el **Keisei Skyliner**, que tarda 41 minutos en llegar a Ueno, donde se puede tomar la línea JR Yamanote o el metro. **Japan Railways (JR)** opera frecuentes servicios de Narita Express (N'EX) a Tokio (53 minutos); hay un billete de ida y vuelta con descuento válido para 14 días.

El aeropuerto de Haneda está conectado con la capital por medio del Tokyo Monorail (15 minutos a Hamamatsucho) y la línea férrea **Keikyu** (13 minutos a Shinagawa).

El servicio de **Airport Limousine Bus** conecta Narita y Haneda con las principales estaciones ferroviarias y hoteles de Tokio.

Un taxi desde Narita hasta el centro de Tokio cuesta unos 25.000 yenes; el precio desde Haneda ronda los 7.000 yenes.

Viajar en tren

La red ferroviaria de Tokio es la más extensa y concurrida del mundo, pero es sumamente limpia, eficiente, segura y puntual. Está muy bien organizada, con mapas con códigos de colores, flechas indicadoras y señales bilingües. Los trenes funcionan a diario de 5.00 a 24.00. Conviene evitar las horas punta (8.00-9.00 y 18.00-20.00), sobre todo si se lleva equipaje o se viaja con niños pequeños.

Tipos de trenes

Varias compañías ferroviarias privadas operan en Tokio, aparte de la excelente red de metro gestionada por las compañías Tokyo Metro y Toei Subway (*ver p. 122*). A pesar de ello, hacer transbordos entre líneas rara vez presenta problemas gracias a la buena señalización y al sistema de billetaje digitalizado. Los trenes que circulan en una misma línea suelen dividirse en *tokkyu* (expreso limitado), *kyuko* (expreso), *kaisoku* (rápido) y *futsu* (local). Es importante comprobar el tipo de tren antes de viajar, ya que los expresos no paran en muchas estaciones pequeñas.

Para quienes se propongan viajar por el país, la estación de Tokio es la terminal principal del *shinkansen* (tren bala), aunque si se toma la línea Tokaido a destinos del oeste, como Kioto o Hiroshima, también se puede usar la estación de Shinagawa. Los billetes para los trenes bala pueden adquirirse en las estaciones de JR de Tokio. Se recomienda reservar asiento (con un pequeño recargo) para viajes de larga distancia.

Abonos

El **Japan Rail Pass (JR)** es recomendable para quienes se propongan viajar mucho por todo el país. JR también ofrece abonos regionales que cubren áreas específicas cercanas a Tokio. Quienes no piensen alejarse mucho de la capital tienen a su disposición el **JR TOKYO Wide Pass**, que cubre destinos populares de la región, como el lago Kawaguchi y Nikko.

Autobuses de larga distancia

La eficiencia y el alcance de la red ferroviaria hacen que pocos visitantes usen los autobuses para las distancias largas, pero la red de autopistas nipona es muy extensa y, para quienes no tienen un abono de JR, el autobús es una opción más económica que el tren bala.

Muchas compañías operan rutas desde la capital. Los autobuses parten desde muchos puntos de la ciudad (generalmente cerca de las principales estaciones de tren), aunque el epicentro es la moderna **terminal de autobuses de autopista de Shinjuku**, situada enfrente de la salida sur de la estación Shinjuku.

En la estación de Tokio también recalan muchos autobuses que llegan y salen de la ciudad. La **terminal de autobuses de autopista de Tokio** está en el lateral este de la estación.

Transporte público

La Oficina Metropolitana de Transportes de Tokio, o **Toei,** gestiona el transporte público de la ciudad. En su web, en los centros de información turística y en las estaciones se puede obtener información sobre medidas de seguridad e higiene, horarios y billetes.

Billetes

Los billetes sencillos para distancias cortas se compran en las máquinas de las estaciones, que tienen un botón de traducción al inglés y aceptan tarjetas de crédito y débito. Muchas estaciones disponen de planos en inglés que indican las tarifas para los diferentes destinos. En caso de duda solo hay que comprar un billete sencillo y pagar el recargo en el destino en las máquinas de ajuste de tarifa que hay junto a los tornos de salida. Si no hubiera máquinas, el personal de la estación puede calcular el recargo. Llevar un billete con la tarifa equivocada no está penalizado.

Las compañías de transportes ofrecen una amplia variedad de abonos de uno o varios días, pero a veces no merecen la pena por el inconveniente de estar limitados a ciertas líneas. Probablemente la opción más flexible sea el **Tokyo 1-Day Ticket** (Free Kippu en japonés), ya que permite viajar sin limitaciones durante 24 horas por los 23 barrios de Tokio en tren, metro, autobús y tranvía (excepto en las líneas ferroviarias privadas). Este abono puede adquirirse en cualquier estación de JR por 1.600 yenes (800 yenes para los niños).

A quien planee hacer uso de la extensa red de metro de Tokio le puede interesar el abono **Chika Toku,** que permite viajar sin límites durante 24, 48 o 72 horas e incluye descuentos en unos 250 lugares de interés, restaurantes y tiendas.

La mayoría de los viajeros optan por las tarjetas **Suica** o **Pasmo.** Tienen chips, son flexibles e interoperables, y pueden usarse prácticamente en todos los medios de transporte de Tokio y sus alrededores. La tarjeta Suica puede adquirirse en las estaciones de JR, tanto en los mostradores como en las máquinas. La Pasmo puede comprarse en las estaciones de metro o en las de las líneas ferroviarias privadas. Apenas hay diferencias entre ambas tarjetas, que pueden usarse indistintamente en las dos redes de transportes. Ambas cuestan 1.000 yenes; este precio incluye un depósito de 500 yenes que se reembolsa cuando se devuelve la tarjeta junto con el crédito no gastado (aunque con Suica también se deduce una comisión de 220 yenes del saldo restante). Las dos tarjetas pueden usarse para hacer compras en un número cada vez mayor de comercios, incluidas tiendas de conveniencia, máquinas expendedoras y consignas; solo hay que buscar los lectores con los logos de Suica o Pasmo.

INFORMACIÓN

LLEGADA EN AVIÓN

Airport Limousine Bus
🔲 webservice.limousine
bus.co.jp/web

Aeropuerto de Haneda
🔲 tokyo-haneda.com

Japan Railways (JR)
🔲 jreast.co.jp/multi

Keikyu Trains
🔲 haneda-tokyo-access.com

Keisei Skyliner
🔲 keisei.co.jp

Aeropuerto internacional de Narita
🔲 narita-airport.jp

Iberia
🔲 iberia.com

ABONOS

Japan Rail Pass
🔲 japanrailpass.net

JR TOKYO Wide Pass
🔲 jreast.co.jp/multi

AUTOBUSES DE LARGA DISTANCIA

Terminal de autobuses de autopista de Shinjuku
🔲 shinjuku-busterminal.co.jp

Terminal de autobuses de autopista de Tokio
🔲 jrbuskanto.co.jp/
bus_stop/tokyo.html

TRANSPORTE PÚBLICO

Toei
🔲 kotsu.metro.tokyo.jp

BILLETES

Chika Toku
🔲 chikatoku.enjoytokyo.jp

Pasmo
🔲 pasmo.co.jp

Suica
🔲 jreast.co.jp/multi

Tokyo 1-Day Ticket
🔲 jreast.co.jp/multi

Metro

La red de metro de Tokio es extensa y está formada por las nueve líneas de **Tokyo Metro** y las cuatro de Toei. Estas compañías tienen diferentes logotipos (una M blanca sobre fondo azul y una hoja de gingko verde, respectivamente), pero comparten el mismo distintivo (un tren azul sobre una vía), visible sobre todo en las bocas de metro. Cada línea, además de tener un color, está designada con una letra (la G para la línea Ginza, por ejemplo) y a cada estación se le ha asignado un número. Por ejemplo, Shibuya, la terminal oeste de la línea Ginza, es la estación G-01.

Hay planos en inglés en las principales estaciones de ferrocarril y metro, en muchos hoteles y en los centros de información turística.

Autobús

Varias compañías de autobuses conectan muchas partes de Tokio. Este medio es especialmente conveniente para ir a sitios que no están en las principales rutas turísticas y a los que no se llega fácilmente en tren o metro. El mayor inconveniente es la falta de señales en inglés.

Las paradas *(basu noriba)* suelen estar delante de las principales estaciones de tren. Los autobuses del centro de Tokio aplican un sistema de tarifa plana y cobran 210 yenes (110 yenes a los niños). A diferencia de otras partes de Japón, se sube al vehículo por la puerta delantera, se

deposita el importe en la caja cercana al conductor o se pasa la tarjeta Suica o Pasmo por el sensor y se sale por la puerta del medio.

Tranvía

Las dos líneas de tranvía que quedan en la ciudad evocan tiempos más pausados y ofrecen un respiro de los atestados trenes. La línea Arakawa circula por las calles del norte de Tokio. Sus dos terminales están conectadas con el metro y puede tomarse desde la estación de Otsuka, donde se cruza con la línea Yamanote de ferrocarril. En el oeste de la ciudad, la línea Setagaya une la estación de Sangenjaya (línea Denentoshi) con la estación de Shimotakaido (línea Keio).

Taxi

Hay taxis de varios colores, pero todos llevan un distintivo en el techo. Una señal roja a la izquierda del conductor indica que el taxi está libre. Las paradas están cerca de las estaciones, los hoteles y los grandes almacenes; también se les puede parar en la calle.

La bajada de bandera es de 410 yenes para el primer kilómetro; a partir de ahí se suman 80 yenes cada 237 m. Las tarifas se incrementan alrededor de un 20% por la noche entre las 22.00 y las 5.00; también ascienden en las retenciones. No es obligatorio dejar propina.

Los conductores abren las puertas desde dentro; no es necesario que lo haga el usuario. Pocos

taxistas hablan inglés de manera fluida, de modo que conviene llevar un plano o la dirección apuntada en japonés si se para un taxi en la calle. Los problemas de comunicación pueden evitarse reservando el taxi con antelación por teléfono o Internet, ya que muchas compañías tienen webs y *apps* en inglés y servicios telefónicos bilingües. Las empresas suelen cobrar un recargo por hacer reservas.

Empresas como Uber apenas están implantadas en Tokio y son casi inexistentes fuera de la capital debido a las estrictas restricciones legales en los servicios de taxi. La *app* **JapanTaxi** es muy útil para reservar taxis en Tokio e incluye a las principales compañías del sector.

En coche

Con las carreteras congestionadas a menudo, el tren es el mejor medio para explorar Tokio y sus alrededores. Incluso para viajar más lejos, el ferrocarril es mejor opción que el coche, ya que la red ferroviaria nipona es líder mundial en términos de eficiencia, seguridad y comodidad.

Alquiler de coches

No se recomienda alquilar un coche en Tokio. Pocas vías están señalizadas en inglés y, aunque los coches tienen sistemas de navegación por satélite, los textos están en japonés. Para viajar por Japón en coche es preferible salir de Tokio en tren y alquilar el vehículo en una ciudad más pequeña. La **Japan Automobile Federation** (JAF) ofrece información al respecto.

En bicicleta

La bicicleta es un medio muy popular para moverse por Tokio y puede ser la forma más rápida de recorrer distancias menores de 10 km. La mayoría de las calles no tienen carriles bici, así que los coches, las bicicletas y los peatones comparten el mismo espacio. Muchos ciclistas circulan por las aceras de las grandes calles, a pesar de que técnicamente está prohibido hacerlo.

En muchas zonas turísticas hay negocios de alquiler de bicicletas. Sin embargo, una alternativa menos fatigosa es el **Bike Share Service**, disponible en 13 de los barrios centrales de la ciudad. Hay más de 900 puntos donde pueden encontrarse las distintivas bicicletas eléctricas rojas y negras del servicio. Los usuarios son libres de coger y dejar las bicicletas en el punto que más les convenga. Los soportes tienen cerraduras inteligentes y lectores de tarjetas (como Suica o Pasmo) para activar las bicicletas. Es obligatorio registrarse con antelación, pero es muy fácil hacerlo a través de la web. Hay tarifas de un solo día para turistas.

A pie

Caminar por Tokio es una manera estupenda de conocer la ciudad. El visitante siente el pulso de la calle, repara en los detalles arquitectónicos, se asoma a un café, una tienda o un bar que captan su interés. Las zonas de Ueno, Harajuku y Shibuya son especialmente agradables para caminar.

Autobús acuático

El autobús acuático *(suijo basu)* permite ver partes de la ciudad que normalmente solo se ven a través de la ventana de un tren. **Tokyo Cruise** opera las rutas más populares en el río Sumida –una de las vías fluviales más famosas de la ciudad– y en torno a las islas artificiales de la bahía de Tokio. Todos los servicios parten del muelle de Hinode, cerca de la estación de Hinode (línea Yurikamome) y a 10 minutos a pie de la estación JR de Hamamatsucho (línea Yamanote). Las rutas incluyen populares lugares de interés, como el barrio histórico de Asakusa, los jardines Hamarikyu, el mercado de pescado de Toyosu y Odaiba. Los autobuses pasan cada media hora, aproximadamente.

Direcciones

Solo las vías principales de Tokio suelen tener nombres de calles. En una dirección –por ejemplo 2-3-4 Otemachi– el primer número se refiere a la *chome* o zona del barrio; el segundo indica una manzana dentro de la *chome;* y el tercer número alude a un edificio o un pequeño conjunto de edificios. Se trata de un sistema de numeración complejo y puede ser difícil encontrar lugares poco conocidos. La policía está acostumbrada a ayudar a la gente a encontrar direcciones.

Etiqueta de viaje

La etiqueta es parte importante de la cultura nipona y existen ciertos aspectos que hay que tener en cuenta mientras se viaja. Cuando se espera el tren o el autobús hay que formar filas ordenadas y dejar que los viajeros salgan antes de entrar. Una vez a bordo se debe dejar el equipaje al lado para dejar espacio a los demás. Hablar en voz alta, especialmente por teléfono, se considera irrespetuoso, al igual que comer y beber, excepto en largas distancias. Cuando llegue el momento de apearse en un tren lleno hay que abrirse paso con suavidad diciendo *orimasu* (me bajo) para que la gente sepa que tiene que dejar pasar.

INFORMACIÓN

METRO

Tokyo Metro
w tokyometro.jp

TAXIS

JapanTaxi
w japantaxi.jp

ALQUILER DE COCHES

Japan Automobile Federation (JAF)
w english.jaf.or.jp

EN BICICLETA

Bike Share Service
w docomo-cycle.jp

AUTOBÚS ACUÁTICO

Tokyo Cruise
w suijobus.co.jp

Información práctica

Documentación

Los requisitos de entrada en Japón se pueden consultar en las webs de la **Embajada de Japón en España** y del **Ministerio de Asuntos Exteriores de Japón.** Los ciudadanos españoles, como los demás miembros de la Unión Europea, deben disponer de pasaporte en regla y billete de vuelta, pero no necesitan visado para estancias inferiores a 90 días.

Consejos oficiales

Antes de viajar es importante consultar las recomendaciones de viaje, tanto del Gobierno español como de las autoridades japonesas. El **Ministerio de Asuntos Exteriores de España** (en su sección de servicios al ciudadano) y el **Gobierno Metropolitano de Tokio** (en inglés) ofrecen la información más actualizada sobre seguridad, salud y normativas locales.

Cada año, Japón sufre unos 1.000 seísmos. Las autoridades han publicado el útil *Disaster Preparedness Manual (Manual de preparación para desastres),* con pautas de seguridad en caso de terremoto fuerte.

Información de aduanas

Para informarse sobre los artículos y las divisas que se pueden importar y exportar de Japón se puede consultar la web de **Japan Customs** (en inglés).

Seguro de viaje

Se recomienda contratar un seguro de viaje que cubra el robo y la pérdida de las pertenencias, la asistencia médica, las cancelaciones y los retrasos. Hay que leer la letra pequeña detenidamente. El viajero debe pagar los tratamientos médicos y pedir los informes para reclamar el reembolso al seguro. Las consultas médicas y los medicamentos son caros en Japón.

Salud

Japón goza de un sistema de salud de primera categoría, pero los tratamientos son muy caros. Por ello es importante disponer de un seguro médico que cubra estos gastos durante el viaje. En caso de enfermedad se debe acudir a una clínica local; las dolencias menores se pueden consultar en las farmacias. Para buscar hospitales, clínicas y farmacias se puede usar el servicio **Himawari** del Gobierno Metropolitano de Tokio o contactar con el **Tokyo Foreign Residents Advisory Service.**

Tokio cuenta con multitud de farmacias bien surtidas, aunque el personal no suele hablar inglés. La **American Pharmacy,** en el sótano del edificio Marunouchi, tiene empleados que hablan inglés.

No hay vacunas obligatorias en Japón y el agua del grifo es potable. Desde el 29 de abril de 2023 no se requiere mostrar el certificado de vacunación del COVID-19 ni pruebas negativas para entrar en el país.

Tabaco, alcohol y drogas

En todos los barrios centrales de Tokio está prohibido fumar en la calle (se imponen multas en el acto), excepto en las zonas destinadas a ello. También está prohibido en estaciones y hospitales, así como en autobuses y trenes (excepto en algunos de larga distancia como los *shinkansen,* que tienen salas de fumadores entre coches). No obstante, se puede fumar en algunos bares y restaurantes provistos de zonas reservadas. Japón impone a los conductores un estricto límite del 0,03% de alcohol en la sangre. Quienes excedan este límite se exponen a duras multas y hasta a cinco años de prisión. Respecto a la posesión de narcóticos, incluso de pequeñas cantidades, la política es de tolerancia cero. Se penaliza con multas y sentencias de cárcel.

Identificación

Es obligatorio llevar el pasaporte o tarjeta de residencia encima en todo momento. También puede valer con una fotocopia de la página donde figuran los datos de identificación.

Seguridad personal

Tokio es una ciudad relativamente segura. Los robos y los atracos son infrecuentes, pero hay tirones y robos de carteras esporádicos en las zonas concurridas. Por lo general, salir por la noche es seguro, aunque hay que extremar las precauciones en las zonas de ocio de Roppongi y Kabukicho. Si se es víctima de un robo hay que denunciarlo dentro de las 24 horas siguientes en la comisaría de policía más cercana. En caso de robo del pasaporte o implicación en un delito o accidente grave hay que contactar con la **Embajada de España en Japón.**

Quien tenga problemas para hacerse entender con la **ambulancia,** los **bomberos** o la **policía** puede recurrir a **Himawari.**

Los tokiotas son muy tolerantes con todas las personas, sin importar su raza, género o sexo, pero la ciudad no es tan multicultural como otras capitales y las miradas son habituales.

La homosexualidad se penalizó en 1872, pero la ley se revocó siete años después. A pesar de esta aceptación histórica, el matrimonio entre personas del mismo sexo no está reconocido legalmente.

Es improbable que los viajeros LGTBIQ+ tengan problemas en Japón. Muchos japoneses (no tantos en Tokio) ven con malos ojos las muestras públicas de afecto, tanto entre personas del mismo sexo como de sexos distintos. **Utopia Asia** es una completa guía de la escena LGTBIQ+ nipona.

Viajeros con necesidades específicas

Tokio no es una ciudad fácil para viajeros con movilidad reducida. Los usuarios de sillas de ruedas pueden hallar dificultades en estaciones de metro pequeñas que no tienen ascensores y en pasos elevados y subterráneos, aunque todos los nuevos edificios deben contar con rampas para cumplir una ley de 2008 sobre accesibilidad.

La ciudad está mejor preparada para las personas ciegas. Hay líneas amarillas en relieve en el suelo y los semáforos tienen señales audibles para cruzar. Los trenes disponen de asientos especiales y muchas máquinas expendedoras de billetes tienen textos en braille.

Accessible Japan, el **Japan Accessible Tourism Center** y los **Japanese Red Cross Language Service Volunteers** proporcionan información sobre accesibilidad en la capital y en las áreas circundantes, incluidas ciudades cercanas como Yokohama y Kamakura.

INFORMACIÓN

DOCUMENTACIÓN

Embajada de Japón en España
🔳 es.emb-japan.go.jp

Ministerio de Asuntos Exteriores de Japón
🔳 mofa.go.jp/

CONSEJOS OFICIALES

Disaster Preparedness Manual
🔳 metro.tokyo.jp/ english/guide/bosai/ index.html

Gobierno Metropolitano de Tokio
🔳 metro.tokyo.lg.jp/ english/index.html

Ministerio de Asuntos Exteriores de España
🔳 exteriores.gob.es

INFORMACIÓN DE ADUANAS

Japan Customs
🔳 customs.go.jp/ english/index.htm

SALUD

American Pharmacy
📞 5220-7716

Himawari
🔳 himawari.metro. tokyo.jp

Tokyo Foreign Residents Advisory Service
🔳 metro.tokyo.lg.jp/ english/guide/guide01. html

SEGURIDAD PERSONAL

Ambulancia y bomberos
📞 119

Embajada de España en Japón
🔳 exteriores.gob.es/ Embajadas/tokio

Himawari
🔳 himawari.metro.tokyo. jp

Policía
📞 110

Utopia Asia
🔳 utopia-asia.com/ tipsjapn.htm

VIAJEROS CON NECESIDADES ESPECÍFICAS

Accessible Japan
🔳 accessible-japan.com

Japan Accessible Tourism Center
🔳 japan-accessible.com

Japanese Red Cross Language Service Volunteers
🔳 tok-lanserv.jp

Zona horaria

Tokio está en la zona horaria estándar de Japón (JST), ocho horas por delante de España en invierno y 7 horas en verano, ya que no tiene cambio de hora para aprovechar la luz diurna.

Dinero

La moneda oficial de Japón es el yen (¥). Su economía se basa tradicionalmente en el dinero en metálico. La transición a las tarjetas se acelera, pero conviene llevar siempre dinero en efectivo.

Las tarjetas pueden usarse para comprar billetes de tren en las principales estaciones y para pagar los taxis. Las propinas no forman parte de la cultura nipona y ofrecerlas puede dar lugar a confusiones.

Dispositivos eléctricos

En Japón se usan enchufes de tipos A y B. El voltaje estándar es de 100 voltios y la frecuencia es de 50 hercios en el este y 60 hercios en el oeste.

Teléfono móvil y wifi

Excepto en las estaciones ferroviarias y algunas tiendas de conveniencia, los teléfonos públicos son una rareza. No todos los teléfonos móviles extranjeros funcionan en Japón; conviene comprobarlo antes de viajar. Se puede alquilar un teléfono, una tarjeta SIM o un *router* wifi en empresas como **Softbank Global Rental.** Por respeto se debe silenciar el teléfono en los templos, jardines y restaurantes. También debe apagarse cerca de los asientos prioritarios de los transportes públicos, pero poca gente cumple esta norma.

Las principales estaciones ferroviarias (todas las de la línea Yamanote y muchas de *shinkansen)*, los aeropuertos, restaurantes, tiendas de conveniencia y centros de información turística tienen wifi gratuito o económico.

Correos

Las *yubin-kyoku* (oficinas de correos) y los buzones se identifican con un carácter parecido a la T con una barra horizontal encima. Se puede buscar la oficina más cercana en la web de **Japan Post.**

Clima

Cada estación tiene su atractivo, pero la primavera y el otoño son sin duda las más populares, con sus flores rosadas y sus coloridas hojas. También son los mejores meses para asistir a fiestas y eventos culturales.

Los meses de verano (de junio a finales de septiembre) son muy calurosos, con temperaturas de hasta 38º y mucha humedad. Los tifones azotan la ciudad en septiembre y octubre, aunque son impredecibles.

Horarios

Por lo general, los comercios abren todos los días de 10.00 a 20.00, aunque algunas tiendas de conveniencia abren las 24 horas. Los restaurantes sirven el almuerzo de 11.30 a 14.30 y la cena de 18.00 a 22.00. Los bares abren hacia las 17.00 y cierran de madrugada. Los bancos abren de lunes a viernes de 9.00 a 15.00 (algunos hasta las 17.00). Los museos abren entre las 9.00 y las 10.00 y cierran alrededor de las 17.00; la mayoría cierra los lunes.

COVID-19 Un aumento en el número de infectados puede conllevar cambios en los horarios y/o cierres. Consulte siempre antes de visitar museos, monumentos y lugares de reunión.

Información turística

Hay varios centros de información turística (TIC) en Tokio, como el **TIC Tokyo** de Marunouchi, donde suele haber personal que habla inglés y otros idiomas. Estos centros proporcionan planos, folletos e itinerarios, entre otros servicios.

La **Oficina Nacional de Turismo de Japón (JNTO)** tiene una agencia en el edificio Shin-Tokyo (Nakadori, Marunouchi).

Go Tokyo es la web oficial de información turística de la ciudad, y tiene una versión en español. La web del diario en lengua inglesa *The Japan Times* tiene la mejor cobertura informativa local y una sección sobre eventos y espectáculos en Tokio. Entre las aplicaciones más útiles destacan HyperDia App, con la información más actualizada de la red ferroviaria nipona, y Yomiwa App, que traduce textos japoneses de manera instantánea.

Costumbres

El saludo tradicional en Japón es la reverencia y su intensidad depende de la relación entre los partícipes. Los foráneos no están obligados a inclinarse: basta con un apretón de manos. En muchos casos la reverencia forma parte del servicio al cliente y no es necesario corresponder. En caso que hacerlo hay que mantener los brazos y la espalda rectos, inclinarse por la cintura y hacer una pausa en el punto más bajo.

El calzado es un elemento cultural importante. El principio es no llevar suciedad del exterior al interior. Se permite entrar con calzado en los hoteles, tiendas y museos, pero en algunos lugares está prohibido; es fácil saberlo cuando se entra en un edificio o una casa, ya que suele haber una *genkan* (entrada tradicional) donde descalzarse y ponerse unas zapatillas. Si no se proporcionan zapatillas o son pequeñas se puede entrar en calcetines. Los tatamis no se pueden pisar con zapatos ni zapatillas.

Tradicionalmente los tatuajes se asocian con la *yakuza* (mafia) y algunos *onsen* no permiten la entrada a personas tatuadas. Antes de los Juegos Olímpicos, el Gobierno japonés tomó medidas para garantizar que las personas con tatuajes pudieran usar los baños públicos. Aun

así, es conveniente comprobarlo en cada caso.

Con respecto al uso de los palillos hay varias normas que deben observarse. Si se toca la comida en un plato común con los propios palillos, hay que comérsela. Gesticular y señalar con ellos se considera una falta de educación. No se debe pasar comida de unos palillos a otros, pues se asocia con ritos funerarios.

Los fluidos corporales están mal vistos, aunque todo lo que vaya hacia dentro es aceptable. Por tanto, sorber los mocos en público está bien, pero sonarse la nariz no.

Idioma

La lengua oficial de Japón es el japonés. Tokio está bien señalizado en inglés y no es difícil orientarse. Además, muchos japoneses hablan un poco de inglés.

Impuestos y devoluciones

Todos los visitantes deben pagar una tasa de salida de 1.000 yenes. Los bienes y servicios están gravados con una tasa de consumo del 10% y reclamar la devolución de este impuesto es un proceso relativamente sencillo: se puede solicitar una vez hecha la compra en los mostradores específicos de los grandes almacenes (se requiere el pasaporte).

Alojamiento

Aparte de los hoteles de estilo occidental, Japón

ofrece opciones más singulares. Los *ryokan* son posadas tradicionales que suelen tener *onsen* y los hoteles cápsula son modernos y económicos.

La **Oficina Nacional de Turismo de Japón (JNTO)** ofrece amplia información sobre tipos de alojamiento. Para hacer reservas se recomiendan **Japanican** y **Rakuten Travel.**

INFORMACIÓN

TELÉFONO MÓVIL Y WIFI

Softbank Global Rental
w softbank-rental.jp

CORREOS

Japan Post
w post.japanpost.jp

INFORMACIÓN TURÍSTICA

Go Tokyo
w gotokyo.org/es/

Oficina Nacional de Turismo de Japón (JNTO)
c 3201-3331
w japan.travel/es/es/

The Japan Times
w japantimes.co.jp

TIC Tokyo
w tictokyo.jp

Centros de Información Turística de Tokio
c 5321-3077

ALOJAMIENTO

Japanican
w japanican.com

Oficina Nacional de Turismo de Japón
w japan.travel/es/es

Rakuten Travel
w travel.rakuten.com

Dónde alojarse

PRECIOS

Por habitación doble (con desayuno, si está incluido), impuestos y otros cargos.

¥ menos de 15.000 ¥ · ¥¥ 15.000–35.000 ¥ · ¥¥¥ más de 35.000 ¥

Hoteles de lujo

Aman Tokyo

PLANO M2 · 1-5-6 Otemachi, Chiyoda · 5224-3333 · www.aman.com · ¥¥¥
Este lujoso hotel, situado en lo alto de la torre Otemachi, en el corazón del distrito financiero, aporta estilo, sofisticación y calma a Tokio con un tranquilo *spa*, una piscina con increíbles vistas de la ciudad y toques japoneses tradicionales en la decoración. Cuenta con buenos restaurantes y bares.

Andaz Hotel

PLANO L5 · 1-23-4, Toranomon, Minato · 6830-1234 · www.hyatt.com · ¥¥¥
Forma parte del complejo Toranomon Hills, muy bien situado entre Roppongi y Ginza, y ofrece verdadero glamur. Las habitaciones son muy espaciosas para los estándares tokiotas y brindan vistas panorámicas de la ciudad.

Aoyama Grand Hotel

PLANO B5 · 2-14-4 Kitaaoyama, Minato · www.aoyamagrand.com · ¥¥¥
Las habitaciones y *suites* de este hotel *boutique* están decoradas en estilo *mid-century modern*. Dispone de un gimnasio y varios bares y restaurantes, incluida una sucursal del aclamado Kanesaka Sushi.

Grand Hyatt Tokyo

PLANO C6 · 6-10-3 Roppongi, Minato · 4333-1234 · www.tokyo.grand.hyatt.com · ¥¥¥
Habitaciones lujosas con comodidades de primera. La decoración denota buen gusto y combina elementos naturales con elegantes muebles contemporáneos. Cuenta con una excelente selección de restaurantes, una fantástica pastelería y un *spa*.

Hoshinoya Tokyo

PLANO M2 · 1-9-1 Otemachi, Chiyoda · hoshinoya.com/tokyo · ¥¥¥
Este lujoso hotel, paradigma del *ryokan* contemporáneo, tiene habitaciones espaciosas y modernas con toques tradicionales, como puertas correderas traslúcidas y suelos de tatami. Está en un rascacielos del centro y cuenta con un *onsen* en la planta 17.ª alimentado por un manantial situado 1.500 m bajo tierra.

Hotel Chinzanso

PLANO D1 · 2-10-8 Sekiguchi, Bunkyo-ku · 3943-1111 · www.hotel-chinzanso-tokyo.com · ¥¥¥
El vestíbulo y los pasillos de este opulento hotel están decorados con obras de arte. Su magnífico jardín japonés alberga elementos originales, como una pagoda de madera y estatuas budistas de piedra. Habitaciones inmaculadas, aunque un tanto anticuadas.

Imperial Hotel

PLANO M4 · 1-1-1 Uchisawaicho, Chiyoda · 3504-1111 · www.imperialhotel.co.jp · ¥¥¥
Dado que su historia se remonta a la década de 1890, este hotel tiene excelentes credenciales. Las habitaciones de la planta Imperial son más grandes y están más actualizadas. Su ubicación es muy buena: está enfrente del parque Hibiya (*ver p. 81*) y a un corto paseo de Ginza.

Mandarin Oriental Tokyo

PLANO N2 · 2-1-1 Nihonbashimuromachi, Chuo · 3270-8800 · www.mandarinoriental.com/tokyo · ¥¥¥
El Mandarin Oriental rebosa lujo. Las habitaciones están decoradas con materiales artesanales, como lámparas de papel, telas colgadas y mobiliario tradicional. Las vistas panorámicas del monte Fuji y del distrito financiero le añaden encanto. También tiene varios bares y restaurantes excepcionales.

The Okura Tokyo

PLANO K5 · 2-10-4 Toranomon, Minato · 3582-0111 · www.theokuratokyo.jp · ¥¥¥
El principal edificio de Okura se reconstruyó antes de los Juegos Olímpicos de 2020, pero el hotel no ha dejado de ser emblemático. El vestíbulo es de estilo retro y las habitaciones son espaciosas y cómodas.

Tiene gimnasio, *spa*, salón y varios restaurantes.

Palace Hotel
PLANO M2 ▪ 1-1-1 Marunouchi, Chiyoda ▪ 3211-5211 ▪ en.palace hoteltokyo.com ▪ ¥¥¥
Este establecimiento sereno y clásico, con habitaciones espaciosas, se remodeló en 2012. Es difícil elegir entre sus muchos y excelentes bares y restaurantes. Teniendo en cuenta que tiene de vecino al emperador nipón, ofrece bellas vistas del Palacio Imperial *(ver pp. 12-13)*.

Park Hyatt Tokyo
PLANO A4 ▪ 3-7-1-2 Nishishinjuku, Shinjuku ▪ www.hyatt.com ▪ ¥¥¥
En el elegante Park Hyatt se rodó el filme *Lost in Translation*, con Scarlett Johansson y Bill Murray. Ofrece vistas estelares de la ciudad, sobre todo de noche. El *spa* y la magnífica piscina no tienen parangón. El servicio es magnífico y los bares y restaurantes, de primera.

Peninsula Hotel Tokyo
PLANO M4 ▪ 1-8-1 Yurakucho, Chiyoda ▪ 6270-2888 ▪ www.peninsula.com/en/tokyo ▪ ¥¥¥
Este renombrado hotel de 24 plantas, terminado en 2008, tiene vistas a los Jardines Orientales del Palacio Imperial *(ver p. 12)* y al parque Hibiya *(ver p. 50)*. Ginza y Marunouchi están a unos pasos.

Ritz-Carlton
PLANO D5 ▪ Tokyo Midtown, 9-7-1 Akasaka, Minato ▪ 3423-8000 ▪ www.ritzcarlton.com ▪ ¥¥¥
El suntuoso Ritz-Carlton, situado cerca de la zona

de ocio de Roppongi, tiene fascinantes vistas, extraordinarios bares y restaurantes e instalaciones de primera. Como cabe esperar de un hotel de esta clase, el servicio es insuperable.

Shangri-La Hotel
PLANO N3 ▪ Marunouchi Trust Tower Main, 1-8-3 Marunouchi, Chiyoda ▪ 6739-7888 ▪ www.shangri-la.com/tokyo ▪ ¥¥¥
Está situado al lado de la estación de Tokio y ofrece a sus huéspedes habitaciones bien equipadas con impresionantes vistas de los rascacielos. Servicio impecable y excelentes instalaciones.

The Strings by InterContinental Tokyo
PLANO C2 ▪ Shinagawa East One Tower, 26-32F, 2-16-1 Konan, Minato ▪ 5783-1111 ▪ www.intercontinental-strings.jp ▪ ¥¥¥
Este hotel ocupa desde la planta 26.ª a la 32.ª y ofrece vistas de la isla de Odaiba *(ver pp. 34-35)* y del puente del Arcoíris *(ver p. 34)*. Las habitaciones están inundadas de luz natural gracias a sus grandes ventanas y tienen muebles modernos de colores suaves y confortables sofás bajos.

The Tokyo Edition, Toranomon
PLANO E5 ▪ 4-1-1 Toranomon, Minato ▪ www.marriott.com ▪ ¥¥¥
Este hotel está situado cerca de la torre de Tokio y de Roppongi. En sus interiores de estilo minimalista, diseñados por Kengo Kuma, priman los

tonos naturales. Tiene piscina, *spa* y gimnasio.

Hoteles de precio medio

Cerulean Tower Tokyu Hotel
PLANO R6 ▪ 26-1 Sakuraga-okacho, Shibuya ▪ 3476-3000 ▪ www.tokyuhotels.co.jp/cerulean-h ▪ ¥¥
El principal hotel de lujo de Shibuya tiene habitaciones enormes, interiores estilosos, restaurantes de *kaiseki*, bares, un club de jazz y un teatro *noh*. Las habitaciones de las plantas 31.ª a 37.ª ofrecen las mejores vistas.

Hyatt Centric Ginza
PLANO F5 ▪ 6-6-7 Ginza, Chuo ▪ www.hyatt.com ▪ ¥¥
El primer Centric de Japón, abierto en 2018, goza de una gran ubicación en Ginza. Sus instalaciones son mínimas comparadas con las de otros Hyatt, pero las habitaciones y las *suites* son espaciosas y estilosas. Cuenta con un gimnasio y un bar perfecto para relajarse.

Hilltop Hotel
PLANO E3 ▪ 1-1 Kandasurugadai, Chiyoda ▪ 3293-2311 ▪ www.yamanoue-hotel.co.jp ▪ ¥¥
Este hotel *art déco* anterior a la guerra, favorito de los escritores tokiotas, rebosa encanto y carácter. Las habitaciones más antiguas tienen escritorios clásicos y las *suites* más caras disponen de pequeños jardines privados.

Precios ver p. 128

Hotel Niwa Tokyo

PLANO E3 ▪ 1-1-16 Kandamisakicho, Chiyoda ▪ 3293-0028 ▪ www.hotelniwa.jp ▪ ¥¥

Este hotel está muy bien equipado para su precio. Cuenta con un jardín en la azotea, dos restaurantes y habitaciones de buen tamaño y de estilo japonés moderno, algunas con balcones y vistas.

Keio Plaza Hotel

PLANO A4 ▪ 2-2-1 Nishishinjuku, Shinjuku ▪ 3344-0111 ▪ www.keio-plaza.com ▪ ¥¥

Perfecto para visitar los lugares de interés de Shinjuku. Los precios son razonables, dada su ubicación entre los rascacielos del oeste de Shinjuku. Tiene instalaciones de primera categoría, incluidos varios restaurantes, tiendas y una piscina al aire libre.

Mitsui Garden Hotel Ginza Premier

PLANO M5 ▪ 8-13-1 Ginza, Chuo ▪ 3543-1131 ▪ www.gardenhotels.co.jp ▪ ¥¥

Este moderno rascacielos situado en Ginza ofrece lujo de cuatro estrellas y bellas vistas a precios razonables. Cerca hay otros hoteles Mitsui Garden.

Sequence Miyashita Park

PLANO Q5 ▪ 6-20-10 Jingumae, Shibuya ▪ www.sequencehotels.com/miyashita-park ▪ ¥¥

Este estiloso hotel domina el nuevo complejo Miyashita Park. Ofrece una amplia gama de estancias, desde *suites* hasta habitaciones con literas.

Hoteles económicos

Asia Center of Japan

PLANO C5 ▪ 8-10-32 Akasaka, Minato ▪ 3402-6111 ▪ www.asiacenter.or.jp ▪ ¥

Está en Aoyama y ofrece las comodidades de un hotel de negocios a precios asequibles. Habitaciones básicas pero razonablemente espaciosas. Bufé libre de desayuno para huéspedes extranjeros. El personal habla inglés.

Book and Bed Shinjuku

PLANO B3 ▪ 1-27-5 Kabukicho, Shinjuku ▪ www.bookandbedtokyo.com/en/shinjuku ▪ ¥

En este hostal de moda las camas son acogedores cubículos ocultos tras estanterías llenas de libros. También hay habitaciones dobles más grandes.

Granbell Hotel

PLANO B6 ▪ 15-17 Sakuragaokacho, Shibuya ▪ 5457-2681 ▪ www.granbellhotel.jp ▪ ¥

Alegre hotel cercano a la estación de Shibuya. Tiene habitaciones individuales y dobles con muebles sencillos y una excelente *suite* de estilo dúplex con terraza.

Hotel Monterey Hanzomon

PLANO K2 ▪ 23-1 Ichibancho, Chiyoda ▪ 3556-7111 ▪ www.hotelmonterey.co.jp ▪ ¥

Las habitaciones combinan arquitectura contemporánea con diseño japonés tradicional. Los colores reflejan los gustos de las residencias de samuráis del periodo Edo.

Khaosan Tokyo Laboratory

PLANO Q3 ▪ 2-1-4 Nishiasakusa, Taito ▪ 6479-1041 ▪ www.khaosan-tokyo.com ▪ ¥

Este hostal, perfecto para familias, tiene una amplia gama de habitaciones de vivos colores con una, dos y cuatro camas, todas con cuartos de baño. Tiene otras sucursales en Tokio.

K's House Tokyo

PLANO R3 ▪ 3-20-10 Kuramae, Taito ▪ 5833-0555 ▪ www.kshouse.jp/tokyo-e ▪ ¥

Este confortable hostal, situado en un edificio amarillo al sur de Asakusa, tiene dormitorios comunes, habitaciones privadas, una terraza en la azotea y un salón donde se puede conocer a otros viajeros.

Nui

PLANO R3 ▪ 2-14-13 Kuramae, Taito ▪ 6240-9854 ▪ www.backpackersjapan.co.jp/nuihostel ▪ ¥

El equipo de Toco ha puesto en marcha este moderno hostal en un antiguo almacén. Dormitorios comunes y habitaciones con altos techos y baños compartidos. El popular café atrae a la gente más creativa del barrio.

Sakura Hotel

PLANO L1 ▪ 2-21-4 Kandajinbocho, Chiyoda ▪ 3261-3939 ▪ www.sakura-hotel.co.jp ▪ ¥

Opción popular entre viajeros de variados presupuestos, ya que ofrece dormitorios compartidos y habitaciones privadas minúsculas pero acogedoras, todas para no fumadores. El amistoso personal habla inglés y la buena ubicación del hotel es un extra.

Shinjuku Kuyakusho-mae Capsule Hotel

PLANO B3 ▪ 1-2-5 Kabukicho, Shinjuku ▪ 3232-1110 ▪ www.capsuleinn.com/shinjuku ▪ ¥

Este económico y limpio hotel cápsula es perfecto para explorar Shinjuku: se encuentra a cuatro minutos a pie de la estación. Plantas separadas para hombres y mujeres.

Toco

PLANO G1 ▪ 2-13-21 Shitaya, Taito ▪ 6458-1686 ▪ www.backpackersjapan.co.jp ▪ ¥

Una *geisha* habitaba este encantador edificio de madera de 1920, convertido en un magnífico hostal. Tiene dormitorios comunes y habitaciones privadas de estilo japonés, además de un sereno jardín japonés y un agradable bar-salón.

Tokyo Central Youth Hostel

PLANO B3 ▪ Central Plaza 18F, 1-1 Kaguragashi, Shinjuku ▪ 3235-1107 ▪ www.jyh.gr.jp/tcyh ▪ ¥

Moderno albergue en las plantas 18.ª y 19.ª del Central Plaza. Si se exceptúa la habitación familiar de estilo japonés, solo ofrece dormitorios compartidos. Tiene tienda de recuerdos, comedor, acceso a Internet y televisión.

Tokyo Hütte

PLANO D1 ▪ 4-18-16 Narihira, Sumida ▪ 5637-7628 ▪ www.tokyohutte.co.jp ▪ ¥

Este nuevo y estiloso hostal está al otro lado del río Sumida (ver pp. 16-17) desde Asakusa y a un tiro de piedra de la Tokyo Skytree (ver p. 89). Tiene dormitorios comunes mixtos y solo para mujeres con camas extragrandes separadas por biombos, habitaciones privadas de estilo japonés y un espacio de trabajo.

Habitaciones con vistas

Asakusa View Hotel

PLANO Q2 ▪ 3-17-1 Nishiasakusa, Taito ▪ 3847-1111 ▪ www.viewhotels.co.jp/asakusa ▪ ¥

Como sugiere el nombre, las vistas de los viejos tejados aledaños y del cercano templo Senso-ji (ver pp. 14-15) desde las confortables habitaciones de estilo occidental son encantadoras. El bar de la planta 28.ª ofrece vistas inmejorables del río Sumida y de la cercana Tokyo Skytree.

Hilton Tokyo Odaiba

PLANO D2 ▪ 1-9-1 Daiba, Minato ▪ 5500-5500 ▪ www.hilton.com ▪ ¥¥

Hotel bien equipado cercano al centro comercial Tokyo Decks, al lado del parque Marino de Odaiba (ver p. 35), con su playa artificial y su copia de la estatua de la Libertad. Las lujosas habitaciones ofrecen vistas de la bahía, la isla y la costa.

InterContinental Tokyo Bay

PLANO C1 ▪ 1-16-2 Kaigan, Minato ▪ 5404-2222 ▪ www.interconti-tokyo.com ▪ ¥¥

Las vistas desde las estilosas habitaciones son realmente panorámicas. Las grandes ventanas abarcan el río Sumida, la Tokyo Skytree, los muelles de la bahía y el puente del Arcoíris, que une la ciudad con la isla de Odaiba (ver pp. 34-35). Tiene varios restaurantes. El bar-salón de la 20.ª planta ofrece vistas increíbles del puente con la iluminación nocturna.

Shinjuku Prince Hotel

PLANO B3 ▪ 1-30-1 Kabukicho, Shinjuku ▪ 3205-1111 ▪ www.princehotels.co.jp ▪ ¥¥

Este rascacielos cercano a la estación Shinjuku ofrece bellas vistas de la zona de ocio de Kabukicho desde las habitaciones y el restaurante de la 25.ª planta. Buenas instalaciones y habitaciones espaciosas.

Conrad Hotel

PLANO M6 ▪ 1-9-1 Higashishinbashi, Minato ▪ 6388-8000 ▪ conrad-tokyo.hiltonjapan.co.jp ▪ ¥¥¥

Las vistas del paisaje urbano y del jardín Hama Rikyu (ver p. 50) desde este hotel de lujo de 37 plantas no tienen parangón. La aromaterapia, los *spas* de madera de cedro y excelente cocina garantizan una estancia memorable.

Precios ver p. 128

Four Seasons Hotel Tokyo at Marunouchi

PLANO N3 ■ Pacific Century Place, 1-11-1 Marunouchi, Chiyoda ■ 5222-7222 ■ www.four-seasons.com/tokyo ■ ¥¥¥
Este lujoso hotel, cercano a la estación de Tokio y al Palacio Imperial (ver pp. 12-13), tiene grandes habitaciones equipadas con televisores 3-D/Blu-ray que ofrecen bellas vistas del centro de Tokio. Servicio impecable por parte de un personal multilingüe.

Tokyo Station Hotel

PLANO N3 ■ 1-9-1 Marunouchi, Chiyoda ■ 5220-1111 ■ www.tokyostationhotel.jp ■ ¥¥¥
Este bonito hotel, reformado recientemente, ocupa un ala del edificio de 1914 de ladrillo rojo de la estación de Tokio (ver p. 76). Se puede ver los trenes shinkansen en la estación o asomarse a las torres de Marunouchi y Ginza.

The Westin Tokyo

PLANO C2 ■ 1-4-1 Mita, Meguro ■ 5423-7000 ■ www.marriott.co.jp/hotels/travel/tyowi-the-westin-tokyo ■ ¥¥¥
Decorado según los gustos de los grandes hoteles europeos, el Westin está cerca del complejo Ebisu Garden Place. Las vistas de la bahía y la ciudad desde las habitaciones medias y superiores son impresionantes.

'Ryokan' y 'minsuku'

Andon Ryokan

PLANO H1 ■ 2-34-10 Nihonzutsumi, Taito ■ 3873-8611 ■ www.andon.co.jp ■ ¥
Moderno ryokan de diseño compacto, decorado con la colección de antigüedades de su propietario. Cada habitación tiene acceso a Internet, televisor y DVD. Las cuatro plantas tienen duchas y hay un jacuzzi común. El personal habla inglés.

Hotel Fukudaya

PLANO C2 ■ 4-5-9 Aobadai, Meguro ■ 3467-5833 ■ www2.gol.com/users/ryokan-fukudaya ■ ¥
En el vestíbulo de esta pequeña posada familiar se expone una armadura de samurái. Está a poca distancia a pie de Naka-Meguro y Shibuya. La mayoría de las habitaciones son tradicionales, con futones y tatamis. Tienen baño compartido.

Kimi Ryokan

PLANO C1 ■ 2-36-8 Ikebukuro, Toshima ■ 3971-3766 ■ www.kimi-ryokan.jp ■ ¥
Esta posada, popular entre los viajeros de bajo presupuesto, ofrece habitaciones pequeñas pero inmaculadas con baños compartidos. Dado el precio, conviene reservar.

Ryokan Katsutaro

PLANO F1 ■ 4-16-8 Ikenohata, Taito ■ 3821-9808 ■ www.katsutaro.com ■ ¥
Acogedor ryokan familiar situado en un barrio tranquilo y tradicional cerca del parque Ueno con siete habitaciones de estilo japonés. Tiene un anexo en Yanaka.

Ryokan Sansuiso

PLANO D2 ■ 2-9-5 Higashigotanda, Shinagawa ■ 3441-7475 ■ www.sansuiso.net ■ ¥
Una opción asequible cerca de la estación de Gotanda. Algunas habitaciones tienen baños u otras los comparten. Hay toque de queda a medianoche y no se aceptan tarjetas.

Ryokan Shigetsu

PLANO R3 ■ 1-31-11 Asakusa, Taito ■ 3843-2345 ■ www.shigetsu.com ■ ¥
Este bonito ryokan está decorado con pantallas de papel tradicionales y tatamis. Lo más destacable son los dos baños tradicionales, uno con vistas al templo Senso-ji y el otro a la ciudad.

Sawanoya Ryokan

PLANO F1 ■ 2-3-11 Yanaka, Taito ■ 3822-2251 ■ www.sawanoya.com ■ ¥
Ryokan de larga tradición, popular entre los extranjeros. Habitaciones pequeñas pero confortables, algunas con cuartos de baño. Se encuentra en Yanaka, cerca del parque Ueno (ver pp. 20-21). No se aceptan tarjetas de crédito.

Tokyo Ryokan

PLANO Q3 ■ 2-4-8 Nishiasakusa, Taito ■ 090-8879-3599 ■ www.tokyoryokan.com ■ ¥
Este encantador alojamiento, ideal para explorar Asakusa, tiene solo tres habitaciones y un cuarto de baño común. No sirve comidas pero cerca hay muchos restaurantes.

En las afueras

Annex Turtle Hotori-an
MAPA B1 ▪ 8-28 Takumicho, Nikko ▪ 0288-53-3663 ▪ www.turtle-nikko. com ▪ ¥
Este alojamiento lleva décadas recibiendo huéspedes. Se trata del anexo moderno de una pensión tradicional y tiene habitaciones de estilo occidental y japonés. El personal habla inglés. Se encuentra relativamente cerca de lugares declarados Patrimonio de la Humanidad como el santuario Toshogu.

Fuji Hakone Guest House
MAPA A2 ▪ 912 Sengokuhara, Hakone ▪ 0460-84-6577 ▪ www.fujihakone. com ▪ ¥
Una familia angloparlante, muy hospitalaria y buena conocedora de la zona regenta esta posada tradicional. Los huéspedes duermen en futones y se bañan en un *onsen* al aire libre.

Hotel New Grand
MAPA B2 ▪ 10 Yamashitacho, Naka, Yokohama ▪ 045-681-1841 ▪ www. hotel-newgrand.co.jp ▪ ¥¥
Hotel histórico en la segunda mayor ciudad de Japón. Ocupa un lugar privilegiado frente a un parque litoral y a la moderna terminal de cruceros. Las zonas comunes cumplen con las expectativas.

Hotel New Kamakura
MAPA B2 ▪ 13-2 Onarimachi, Kamakura ▪ 0467-22-2230 ▪ www. newkamakura.com ▪ ¥
Está cerca de la estación y es uno de los hoteles de estilo occidental más antiguos de la ciudad. Rebosa encanto retro. Tiene habitaciones occidentales y japonesas repartidas en dos pequeños edificios.

Nine Hours Narita Airport
MAPA B2 ▪ Narita Inter-national Airport Terminal 2, 1-1 Furugome, Narita ▪ 0476-33-5109 ▪ www.ninehours.co.jp/ narita ▪ ¥
Cercano al aeropuerto de Narita y bien situado para explorar la localidad de Narita. Los huéspedes duermen en espaciosas cápsulas de última generación. Tiene taquillas para el equipaje y duchas compartidas pero separadas por sexos.

Fuji Lake Hotel
MAPA A2 ▪ 1 Funatsu, Fujikawaguchiko ▪ 0555-72-2209 ▪ www.fujilake. co.jp ▪ ¥¥
Este hotel de la década de 1930 rebosa encanto retro y goza de una increíble situación a orillas del lago Kawaguchi, con el monte Fuji al fondo. El *onsen* comunal tiene sauna y *jacuzzi*. Quien no vea el Fuji desde su habitación puede hacerlo desde la terraza.

Fujiya Hotel
MAPA B2 ▪ 359 Miyano-shita, Hakone ▪ 0460-82-2211 ▪ www.fujiyahotel. jp ▪ ¥¥¥
Uno de los hoteles occidentales más antiguos de Japón y un verdadero clásico: lleva abierto desde 1878. Con su maravilloso edificio antiguo, ha atraído a incontables dignatarios y celebridades, incluido John Lennon. Ofrece cuatro tipos de habitaciones, todas con baños de aguas termales. El comedor principal es, sencillamente, majestuoso.

Nikko Kanaya Hotel
MAPA B1 ▪ 1300 Kamihatsuishimachi, ▪ 0288-54-0001 ▪ www.kanayahotel.co.jp ▪ ¥¥¥
Este clásico hotel, construido en 1873, ofrece encanto retro y servicio impecable. Habitaciones bien equipadas que datan desde el periodo Meiji a la década de 1950.

Yokohama Royal Park Hotel
MAPA B2 ▪ 2-2-1-3 Minato Mirai, Nishi, Yokohama ▪ 045-221-1111 ▪ www. yrph.com ▪ ¥¥
Hotel ideal para quienes valoran las vistas. Las habitaciones ocupan desde la planta 52.ª hasta la 67.ª de la Landmark Tower y ofrecen espléndidas vistas del litoral y el monte Fuji.

Hoshinoya Fuji
MAPA A2 ▪ 1408 Oishi, Fujikawaguchiko ▪ www.hoshinoya.com/ fuji ▪ ¥¥¥
El primer *glamping* de Japón está muy lejos del concepto tradicional de *camping*. Los huéspedes duermen en estilosas cabañas minimalistas, cenan bajo las estrellas y realizan actividades en el lago y el monte Fuji.

Índice general

Agradecimientos

Edición actualizada por

Colaboración Rob Goss
Edición sénior Alison McGill
Diseño sénior Stuti Tiwari
Edición de proyecto Parnika Bagla, Zoë Rutland
Diseño de proyecto Ankita Sharma
Documentación fotográfica sénior Vagisha Pushp
Diseño de cubierta Jordan Lambley
Cartografía sénior Ashif, Suresh Kumar
Diseño DTP Rohit Rojal
Producción sénior Jason Little
Producción Manjit Sihra
Responsable editorial adjunto Beverly Smart
Responsables editoriales Shikha Kulkarni, Hollie Teague
Edición de arte Sarah Snelling
Edición de arte sénior Priyanka Thakur
Dirección de arte Maxine Pedliham
Dirección editorial Georgina Dee

DK quiere agradecer a las siguientes personas su contribución a las ediciones anteriores: Stephen Mansfield, Simon Richmond, Bill Willis, Leena Lane, Hilary Bird

Los editores quieren agradecer a las siguientes entidades su amabilidad al conceder su permiso para reproducir sus fotografías:
Leyenda: a-superior; b-abajo/inferior; c-centro; f-alejado; l-izquierda; r-derecha; t-arriba

123RF.com: Kriengkrai Choochote 112tl; coward_lion 21c; Ivan Marchuk 74tl; sean pavone 20-1c, 106cl; Norikazu Satomi 10clb; yyama3270 16bl.

3331 Arts Chiyoda: Chiyoda Arts Festival 2011 47cr.

Alamy Stock Photo: A.F. Archive 59br; AFLO/ Nippon News/Natsuki Sakai 71cla; Aflo Co. Ltd 71bc; Andia / Benard 61tr; /Keiki Haginoya 31br; age fotostock/Javier Larrea 42b; Mark Bassett 4cr; Masayuki Yamashita 75br; Patrick Batchelder 3tl, 72-3; Paul Brown 92-3; Songquan Deng 15bl; World Discovery 32cl, 47t, 67tr, 67cl, 78cla, 104clb; EDU Vision 52tl, 76br; F1online digitale Bildagentur GmbH /S. Tauqueur 11br; Matt Fagg 34br; Gavin Hellier 69cl; Peter Horree 24cr; Alex Hunter 51tl; INTERFOTO/Fine Arts 45tl, /History 38br; Japan Stock Photography 77tl; JTB MEDIA CREATION, Inc /JTB Photo/UIG 11clb, 40cl, 96t; Andrey Kekyalyaynen 14clb; Hideo Kurihara 18bc; John Lander 28br, 29tl; Yannick Luthy 114bl; Oleksiy Maksymenko 49b, 55tr; Greg McNevin 53cl; Luciano Mortula 43cr; Motion/Horizon Images 70tl; James Nesterwilz 32bl, Newscom / BJ

Warnick 66br; NPC Collectiom 10crb; Sean Pavone, 17tl, 34-5, 57clb, 68cla, 103tl; PersimmonPictures.com 52b; Phanie/Voisin 57tr; Prisma Bildagentur AG/Raga Jose Fuste 13cr, 56br; Alex Segre 66tl, 69tr; John Steele 94tl; Jeremy Sutton-Hibbert 63b; Ivan Vdovin 27ca; Steve Vidler 88tl; Peter M. Wilson 11cr; World Discovery 19tl, 44clb; Masayuki Yamashita 50cl.

Asakusa Imahan: 62t.

AWL Images: Christian Kober 117cra; Matteo Colombo 1; Travel Pix Collection 2tl, 8-9.

Bridgeman Images: Seiji Togo Memorial Sompo Japan Nipponkoa Museum of Art, Tokyo, Japan *Sunflowers* (1889) by Vincent van Gogh 108tr; Werner Forman Archive 80tl.

Centro Nacional de Cinematografía: 81tr.

Codename MIXOLOGY Akasaka: 98b.

Corbis: 39br; All Canada Photos/Ken Paul 15cr; Atlantide Phototravel /Massimo Borchi 12br, 75t, 82-3, 111bl; Bettmann 39cl; Tibor Bognar 86tr; incamerastock /Iain Masterton, 95cra; Masterfile /F. Lukasseck 96br; Nippon News/AFLO 102cl; Photononstop /Calle Montes 109cl.

Design Festa: 70cr.

Dreamstime.com: Andreevaee 89cl; Bennnn 115cla; Bennymarty 50bl, 71tr; Ratchadaporn Chullanan 30cla; Cowardlion 20br, 41tl, 54b, 76tl, 86cl, 97cl, 102b, 113t; dragoncello 31tl; Esmehelit 60b; Foto99 95b; Fotokon 46bl; Gjeerawut 87tr; Hiro1775 49tl, 114cl; Javarman 107b; Mihai-bogdan Lazar 6cla; Esteban Miyahira 113br; Mnsanthoshkumar 79bl; Luciano Mortula 7cra, 14-5; Sean Pavone 6t, 10cla, 40b, 82tl; Jaturun Phuengphutthak 4cla; Ppy2010ha 105crb; Siraanamwong 100cla; Tktktk 54cla; Torsakarin 51bl; Maria Vazquez 88b; Sarah Wilkie 5clb; Buddhapong Wongsanont 10c; Xiye 31clb; Yuryz 55clb, 68b.

Getty Images: AFP/Reuters/Issei Kato 59cla; AFP / Kazuhiro Nogi 56t; AFP / Charly Triballeau 85bl; /Toshifumi Kitamura 58tl; AFP / Yoshikazu Tsuno 65b; Aro @ Photography 15crb; Marco Brivio 12-3; Print Collector 38cla; JTB Photo 17crb; Koichi Kamoshida 58crb; LightRocket/John S Lander 27b, 28cla; Sergio Lora 11crb, 32-3; takau99 29crb; UIG/JTB Photo 16-7, 101t.

Goodbeer Faucets: 65t.

iStockphoto.com: coward_lion 4t; helovi 35crb; Hiro1775 116b; ke 3tr, 118-9; magicflute002 2tr, 14cla, 36-7b; MiriamPolito 42cla; orpheus26 30-1; Marek Slusarczyk 10b; shirophoto 4b; Thananat 21tl; winhorse 53tr, 81b.

Museo de Arte Mori: 45b.

Museo Nacional de Arte Moderno, Tokio: *La madre y el niño* (1934) de Uemura Shoen, color sobre seda, enmarcado, 168 × 115,5 cm, Bien cultural importante 12cl.

Museo Nacional de Ciencia Emergente e Innovación: 35tr.

Imágenes cortesía del Museo Nacional de Tokio: 11tl, 24bl, 25tl, 25bc, 25clb, 26t, 26clb, 45c.

NTT InterCommunication Center: 108bl.

Park Hyatt Tokyo: 64cl,111tr.

Photoshot: 90t.

Robert Harding Picture Library: Tibor Bognar 94cra; Lucas Vallecillos 4crb, 104tr.

Shutterstock.com: Manuel Ascanio 19clb; Hit1912 18-19c; show999 22-23

Watering Hole: 110cl.

Cubierta

Delantera y lomo: **Getty Images:** DigitalVision / Matteo Colombo.

Trasera: **Dreamstime.com:** F11photo tr, Natalia Lisovskaya crb, Nathapon Triratanachat tl; **AWL Images:** Marco Bottigelli cla; **Getty Images:** DigitalVision / Matteo Colombo b.

Mapa desplegable

Getty Images: DigitalVision / Matteo Colombo.

Resto de imágenes © Dorling Kindersley

Para más información visite:
www.dkimages.com

Penguin
Random
House

De la edición española
Coordinación editorial Cristina Gómez
de las Cortinas
Servicios editoriales Moonbook
Traducción DK

Impreso y encuadernado en Malasia

Publicado originalmente
en Gran Bretaña en 2009
por Dorling Kindersley Limited,
DK, One Embassy Gardens, 8 Viaduct
Gardens, London SW11 7BW, UK

Copyright 2009, 2023
© Dorling Kindersley Limited
Parte de Penguin Random House

Título original Eyewitness Travel
Top 10 Tokyo
Primera edición, 2024

ISBN 978-0-241-69551-7

MIXTO
Papel | Apoyando la
selvicultura responsable
FSC® C018179

Este libro se ha impreso con papel
certificado por el Forest Stewardship
Council™ como parte del compromiso
de DK por un futuro sostenible.
Para más información, visita
www.dk.com/our-green-pledge

Frases útiles

El origen de la lengua japonesa no está claro. La escritura emplea una combinación de cuatro fuentes: caracteres chinos, conocidos como *kanji*; dos silabarios (el *hiragana* y el *katakana*); y el alfabeto latino, llamado *romanji*. El *hiragana* y el *katakana* son similares; el segundo se usa a menudo para transcribir palabras no japonesas. Tradicionalmente, el japonés se escribe en columnas verticales de arriba abajo y de derecha a izquierda, aunque el sistema occidental se usa bastante. Hay varios sistemas de romanización; en esta guía se usa el sistema Hepburn. Para simplificar la transcripción se han omitido los macrones (signos situados sobre las vocales para indicar que son largas). La pronunciación del japonés es bastante sencilla y muchas palabras son versiones *japonizadas* de vocablos occidentales. En este vocabulario se ofrece la palabra o frase en castellano seguida de la transcripción en japonés y su romanización adaptada para conocer su pronunciación.

Pautas de pronunciación

Al leer la romanización de una palabra se debe dar el mismo énfasis a todas las sílabas. Imprimir mayor énfasis a una sílaba (como en castellano) puede hacer la palabra incomprensible.

Las vocales y los diptongos se pronuncian como en castellano.

La consonante j se pronuncia como la ll española, con un ligero matiz de ch. La *h*, como una j muy suave. La *y*, como la i. La *w*, como la u. La *r*, con un sonido intermedio entre la r y la l. De manera similar, la *f* se pronuncia con un sonido intermedio entre la f y la h. En cambio, si es siempre shi y la v de las palabras occidentales (por ejemplo, video) pasa a ser b. La *z* se pronuncia con un sonido intermedio entre la z castellana y una d interdental. La *n* puede pronunciarse como m cuando seguida de las consonantes *b*, *p* o *m*, aunque esta regla tiene excepciones.

Todas las consonantes, a excepción de la n, van siempre seguidas de una o dos vocales, aunque hay palabras en que la i o la u apenas se pronuncian. Para facilitar su pronunciación hemos usado apóstrofos cuando apenas se pronuncian y dobles consonantes cuando esto ocurre al final de una palabra.

Dialectos

El japonés lo utilizan y entienden personas de toda condición en todo el país. Sin embargo, en su uso coloquial existen diferencias significativas tanto en la pronunciación como en el vocabulario, incluso entre las zonas de Tokio y de Osaka-Kioto. Los acentos rurales son muy pronunciados.

Palabras y frases de cortesía

En la lengua japonesa hay varios niveles de cortesía, según el estatus, la edad y la situación. En la conversación cotidiana, el nivel de cortesía radica sencillamente en la longitud de las terminaciones verbales (por lo general, cuanto más larga sea la terminación, más cortés); pero en la conversación formal se utilizan palabras (*keigo*) completamente diferentes. El nivel que se ofrece en este vocabulario es neutral pero cortés.

Emergencias

¡Socorro!	たすけて！	Tas'kete!
¡Alto!	とめて！	Tomete!
¡Llame a un médico!	医者をよんで ください！	Isha o yonde kudasai!
¡Llame a una ambulancia!	救急車を よんでください！	Kyukyusha o yonde kudasai!
¡Llame a la policía!	警察を よんでください！	Keisatsu o yonde kudasai!
¡Fuego!	火事！	Kaji!
¿Dónde está el hospital?	病院はどこに ありますか？	Byoin wa doko ni arimass-ka?
Garita de policía	交番	koban

Comunicación básica

Sí/no	はい／いいえ	Hai/ie.
Gracias	ありがとう。	Arigato.
Por favor (ofreciendo)	どうぞ。	Dozo.
Por favor (preguntando)	おねがいします。	Onegai shimass.
¿Habla inglés?	英語を 話せますか？	Eigo o hanasemass-ka?
No hablo japonés	日本語は 話せません。	Nihongo wa hanasemasen.
¡Perdón/disculpe!	すみません！	Sumimasen!
¿Podría ayudarme? (no es emergencia)	ちょっと手伝って いただけません か？	Chotto tets'datte itadakemasen-ka?

Frases habituales

Me llamo…	わたしの 名前は… です。	Watashi no namae wa… dess
Qué tal, encantado de conocerle.	はじめまして。 どうぞ よろしく。	Hajime-mash'te dozo yorosh'ku.
¿Cómo está?	お元気ですか？	Ogenki dess-ka?
Buenos días.	おはよう ございます。	Ohayo gozaimass.
Hola/buenos días.	こんにちは。	Konnichiwa.
Buenas tardes.	こんばんは。	Konbanwa.
Buenas noches.	おやすみなさい。	Oyasumi nasai.
Adiós.	さよなら。	Sayonara.
¿Qué es (esto)?	（これは）何 ですか？	(Kore wa) nan dess-ka?
¿Dónde puedo conseguir…?	…はどこに ありますか？	…wa doko ni arimass-ka?
¿Cuánto cuesta esto?	いくらですか？	Ikura dess-ka?
¿A qué hora es…?	…何時ですか？	… nan-ji dess-ka?
¡Salud! (brindis)	乾杯！	Kanpai!
¿Dónde está el servicio/aseo?	お手洗い／おトイレ はどこ ですか？	Toire wa doko dess-ka?
Esta es mi tarjeta de visita.	名刺をどうぞ。	Meishi o dozo.
¿Cómo se utiliza esto?	これをどうやって 使いますか？	Kore o doyatte ts'kaimass-ka?

Palabras habituales

yo	わたし	watashi
mujer	女性	josei
hombre	男性	dansei
esposa	奥さん	ok'san
esposo	主人	shujin
grande/pequeño	大きい／小さい	okii/chiisai
caliente/frío	暑い／寒い	atsui/samui
tibio	温かい	atatakai
bueno/no bueno/malo	いい／よくない／ 悪い	ii/yokunai/warui
gratis	ただ／無料	tada/muryo
aquí	ここ	koko
allí	あそこ	asoko
esto	これ	kore

eso	それ	sore
aquello	あれ	are
¿qué?	何?	nani?
¿cuándo?	いつ?	itsu?
¿por qué?	なぜ?／どうして?	naze?/dosh'te?
¿dónde?	どこ?	doko?
¿quién?	誰?	dare?
¿por dónde?	どちら?	dochira?
Suficiente	じゅうぶん／結構	jubun/kekko

Señales

abierto	営業中	eigyo-chu
cerrado	休日	kyujitsu
entrada	入口	iriguchi
salida	出口	deguchi
peligro	危険	kiken
salida de emergencia	非常口	hijo-guchi
información	案内	annai
servicios, aseos	お手洗い／手洗い／おトイレ／トイレ	otearai/tearai/otoire/toire
libre (no ocupado)	空き	aki
hombres	男	otoko
mujeres	女	onna

Dinero

¿Podría cambiarme esto en yenes?	これを円に替えてください。	Kore o en ni kaete kudasai.
Quisiera cambiar estos cheques de viaje.	このトラベラーズチェックを現金にしたいです。	Kono toraberazu chekku o genkin ni shitai dess.
¿Aceptan tarjetas de crédito/ cheques de viaje?	クレジットカード／トラベラーズチェックで払えますか?	Kurejitto kado/toraberazu chekku de haraemass-ka?
banco	銀行	ginko
dinero en efectivo	現金	genkin
tarjeta de crédito	クレジットカード	kurejitto kado
oficina de cambio de divisas	両替所	ryogaejo
dólar	ドル	doru
euro	ポンド	pondo
yen	円	en

Comunicaciones

¿Dónde hay un teléfono?	電話はどこにありますか	Denwa wa doko ni arimass-ka?
¿Puedo usar su teléfono?	電話を使ってもいいですか	Denwa o ts'katte mo ii dess-ka?
Hola, soy…	もしもし、…です。	Moshi-moshi, … dess.
Quisiera hacer una llamada internacional.	国際電話、お願いします	Kokusai denwa, onegai shimass.
correo aéreo	航空便	kokubin
correo electrónico	メール	me-ru
fax	ファクス	fak'su
postal	ハガキ	hagaki
oficina de correos	郵便局	yubin-kyoku
sello	切手	kitte
cabina telefónica	公衆電話	koshu denwa
tarjeta telefónica	テレフォンカード	terefon kado

En el hotel

¿Tienen habitaciones libres?	部屋がありますか?	Heya ga arimass-ka?
Tengo una reserva.	予約をしてあります。	Yoyaku o sh'te arimass.
Quisiera una habitación con baño.	お風呂つきの部屋、お願いします。	Ofuro-ts'ki no heya, onegai shimass.
¿Cuál es la tarifa por noche?	一泊いくらですか?	Ippaku ikura dess-ka?

hospedaje de estilo japonés	旅館	ryokan
habitación de estilo japonés	和室	wa-shitsu
llave	鍵	kagi
recepción	フロント	furonto
habitación individual/doble	シングル／ツイ	shinguru/tsuin
ducha	シャワー	shawa
hotel de estilo occidental	ホテル	hoteru
habitación de estilo occidental	洋室	yo-shitsu
¿El precio incluye el impuesto?	税込みですか?	Zeikomi dess-ka?
¿Puedo dejar mi equipaje aquí un momento?	荷物をちょっとここに預けてもいい?	Nimotsu o chotto koko ni azukete mo ii dess-ka?
aire acondicionado	冷房／エアコン	reibo/eakon
bañera	お風呂	ofuro
salida	チェックアウト	chekku-auto

En el restaurante

Por favor, una mesa para uno/ dos/tres, por favor	一人／二人／三人、お願い	Hitori/futari/sannin, onegai shimass.
¿Puedo ver la carta?	メニュー、お願いします。	Menyu, onegai shimass.
¿Tienen menú?	定食がありますか?	Teishoku ga arimass-ka?
Tomaré…	私は…がいいです。	Watashi wa … ga ii dess.
¿Me pone uno de esos?	それをひとつ、お願いします。	Sore o hitotsu, onegai shimass.
Soy vegetariano/a.	私はベジタリアンです。	Watashi wa bejitarian dess.
¡Camarero/a!	ちょっとすみません。	Chotto sumimasen!
¿Qué me recomienda?	おすすめは何ですか?	Osusume wa nan dess-ka?
¿Cómo se come esto?	これはどうやって食べますか?	Kore wa doyatte tabemass-ka?
La cuenta, por favor.	お勘定、お願いします。	Okanjo, onegai shimass.
Nos gustaría tomar más…	もっと…、お願いします。	Motto …, onegai shimass.
La comida estaba muy buena, gracias.	ごちそうさまでした。おいしかったです。	Gochiso-sama desh'ta, oishikatta dess.
surtido	盛りあわせ	moriawase
comida para llevar	弁当	bento
desayuno	朝食	cho-shoku
bufé	バイキング	baikingu
delicioso	おいしい	oishii
cena	夕食	yu-shoku
beber	飲む	nomu
bebida	飲みもの	nomimono
comer	食べる	taberu
comida	食べもの／ごはん	tabemono/gohan
lleno (estómago)	おなかがいっぱい	onaka ga ippai
caliente/frío	熱い／冷たい	atsui/tsumetai
hambriento/a	おなかがすいた	onaka ga suita
comida japonesa	和食	wa-shoku
almuerzo	昼食	chu-shoku
menú setto (tentempié)/ teishoku (comida)	セット／定食	setto (snack)/ teishoku (meal)
picante	辛い	karai
dulce	甘い	amai
comida occidental	洋食	yo-shoku
pimienta	こしょう	kosho
sal	塩	shio
verduras	野菜	yasai
azúcar	砂糖	sato

Establecimientos

cafetería	食堂	shokudo
restaurante chino	中華料理屋	chuka-ryori-ya
café	喫茶店	kissaten
bar	飲み屋／居酒屋	nomiya/izakaya
puesto de fideos	ラーメン屋	ramen-ya
restaurante de	レストラン／料理屋	resutoran/ryori-ya
sushi en cinta transportadora	回転寿司	kaiten-zushi
restaurante de lujo	料亭	ryotei
restaurante vegetariano de lujo	精進料理屋	shojin-ryori-ya

La carta

ビール	biiru	cerveza
ホットコーヒー	hotto-kohi	café
お茶	ocha	té verde
アイスコーヒー	aisu-kohi	café solo helado
カフェオレ	kafe-o-re	café con leche
レモンティー	remon ti	té con limón
ミルク／牛乳	miruku/gyunyu	leche
ミネラルウォーター	mineraru uota	agua mineral
酒	sake	vino de arroz
(甘酒)	(ama-zake)	(sin alcohol)
紅茶	kocha	té (estilo occidental)
ミルクティー	miruku ti	té con leche
水	mizu	agua
ウイスキー	uis'ki	whisky
たけのこ	takenoko	brotes de bambú
とうふ	tofu	tofu
もやし	moyashi	brotes de soja
豆	mame	vacuno
ビーフ／牛肉	bifu/gyuniku	judías
ふぐ	fugu	pez globo
かつお／ツナ	katsuo/tsuna	bonito, atún
とり／鶏肉	tori/toriniku	pollo
かに	kani	cangrejo
あひる	ahiru	pato
うなぎ	unagi	anguila
たまご	tamago	huevo
なす	nasu	berenjena
みそ	miso	pasta fermentada de soja
納豆	natto	soja fermentada
さしみ	sashimi	pescado (crudo)
油揚げ	abura-age	tofu frito
くだもの	kudamono	fruta
会席	kaiseki	alta cocina
ニシン	nishin	arenque
アイスクリーム	aisu-kurimu	helado
伊勢えび	ise-ebi	langosta
さば	saba	caballa
肉	niku	carne
そば	soba	fideos de trigo sarraceno
ラーメン	ramen	sopa de fideos
うどん	udon	fideos de trigo gruesos
そうめん	somen	fideos de trigo finos
たこ	tako	pulpo
カキ	kaki	ostra, caqui
つけもの	ts'kemono	encurtidos
豚肉	butaniku	cerdo
ごはん	gohan	arroz cocido
米	kome	arroz crudo
サラダ	sarada	ensalada
鮭	sake	salmón
ソーセージ	soseji	salchicha
えび	ebi	gamba
いか	ika	calamar
鱒	masu	trucha
ウニ	uni	erizo de mar
すいか	suika	sandía
ぼたん／いのしし	botan/inoshishi	jabalí
汁／スープ	shiru/supu	sopa
しょうゆ	shoyu	salsa de soja
スパゲティ	supageti	espaguetis
五目寿司	gomoku-zushi	sushi (variado)

Números

0	ゼロ	zero
1	一	ichi
2	二	ni
3	三	san
4	四	yon/shi
5	五	go
6	六	roku
7	七	nana/shichi
8	八	hachi
9	九	kyu
10	十	ju
11	十一	ju-ichi
12	十二	ju-ni
20	二十	ni-ju
21	二十一	ni-ju-ichi
22	二十二	ni-ju-ni
30	三十	san-ju
40	四十	yon-ju
100	百	hyaku
101	百一	hyaku-ichi
200	二百	ni-hyaku
300	三百	san-byaku
400	四百	yon-hyaku
500	五百	go-hyaku
600	六百	ro-ppyaku
700	七百	nana-hyaku
800	八百	ha-ppyaku
900	九百	kyu-hyaku
1.000	千	sen
1.001	千一	sen-ichi
2.000	二千	ni-sen
10.000	一万	ichi-man
20.000	二万	ni-man
100.000	十万	ju-man
1.000.000	百万	hyaku-man

Tiempo

lunes	月曜日	getsu-yobi
martes	火曜日	ka-yobi
miércoles	水曜日	sui-yobi
jueves	木曜日	moku-yobi
viernes	金曜日	kin-yobi
sábado	土曜日	do-yobi
domingo	日曜日	nichi-yobi
minuto	分	pun/fun
este año	今年	kotoshi
el año pasado	去年	kyonen
el proximo año	来年	rainen
un año	一年	ichi-nen
tarde	遅い	osoi
temprano	早い	hayai
pronto	すぐ	sugu

Calles de Tokio

Zonas de Tokio